Anonymous

Die Weissagungen welche den Schriften des Propheten Zacharias beygebogen sind

Übersetzt und critisch erläutert, nebst einigen Abhandlungen

Anonymous

Die Weissagungen welche den Schriften des Propheten Zacharias beygebogen sind
Übersetzt und critisch erläutert, nebst einigen Abhandlungen

ISBN/EAN: 9783744690867

Hergestellt in Europa, USA, Kanada, Australien, Japan

Cover: Foto ©Lupo / pixelio.de

Weitere Bücher finden Sie auf **www.hansebooks.com**

Die Weissagungen,

welche

den Schriften des Propheten Zacharias

beygebogen sind,

übersetzt und critisch erläutert,

nebst einigen Abhandlungen.

Hamburg,

bey B. G. Hoffmann, 1784

Diese Bogen würden ohne Vorrede erscheinen, wenn ich mich nicht bey einem Theil meiner Leser über den Gebrauch der critischen Conjectur rechtfertigen zu müssen glaubte. Nicht als besorgte ich, daß man meine Vermuthungen aus Mangel an Hochachtung für die Bibel herleiten mögte. Wie könnte ichs besorgen! Diese Arbeit ist im eigentlichsten Verstande die Frucht meiner Ehrerbietigkeit gegen dieses Buch. Weil mirs unglaublich schien, daß Matthäus in dem Allegat, Cap. XXVII, 9. sollte gefehlt haben, unterzog ich mich der nähern Untersuchung der Prophezeyungen des Zacharias, und setzte, nachdem ich gefunden hatte, daß diese Schwürigkeit von Joseph Mede gehoben war, meine Prüfung fort, um zu zeigen, daß auch dieser Theil der Schrift, den man gleichsahm nur um des übrigen willen ertrug, wichtig sey. Zudem giebt das Beyspiel Luthers und so vie-

le-

ler anderer großen Männer, ja noch mehr die Sonne, die seit einem Jahrzehend der hebräischen Litteratur aufgegangen ist, wider dergleichen Consequentzmacherenen wol hinlängliche Sicherheit. Gerade den entgegengesetzten Vorwurf, den Vorwurf der Parthenlichkeit für meinen Auctor, würde ich abzulehnen suchen, wenn ich mich einseitig verthendigen mögte. Man scheint noch immer den Knoten nicht sowol zu lösen als zu zerhauen, wenn man einem alten Schriftsteller durch critische Vermuthung hilft.

Daß ich hie und da von der gewöhnlichen Capitel-Ordnung abgehe, die eingeführte Accentuation verwerfe, getrennte Buchstaben zusammen rücke oder zusammen gerückte trenne, andere Vocale unterlege, kann man mir wol nicht als eigentliche critische Conjectur anrechnen; es sollte jetzt doch männiglich kund senn, daß das Alterthum wenigstens den größern Theil der Punctation und überhaupt die Abtheilung der Stücke Zeilen und Worte dem Leser überließ.

Dasjenige, worüber ich mich also zu verthendigen hätte, ist, daß ich Glossen und ver-

verwechselte Buchstaben im Text zu finden glaube. "Wie drangen, sagt man, solche "Flecken gerade in alle unsere Codices; wie "konnte sich überhaupt eine Glosse in den Text "schleichen?„ —

Und wenn würklich nichts von dem zu erklähren stünde? Soll man das Unkraut unter dem Waitzen nicht eher Unkraut heissen, als bis man weiß, wie es unter die gute Saat kam? Daß die zweyte Hälfte des siebenten Verses in unserer ersten Weissagung von fremder Hand sey und סוס in den bemerkten Stellen kein Pferd bezeichnen könne, würde um nichts sicherer werden, wenn man auch zehn Manuscripte fände, die für diese Muthmassungen redeten. So viel Kenntniß läßt sich doch wol selbst von einer erstorbenen Sprache erlangen, daß man den groben Schreibfehler sehen kann; und so viel critisches Gefühl, als nöthig ist, um den Text von manchen Zusätzen zu reinigen, wird hoffentlich auch keine große Sache seyn? Ja man sieht es, denk ich, in kurzem ein, daß eine Muthmaßung durch ein Manuscript unterstützen in den meisten Fällen nichts anders heisse, als eine Conjectur durch die andere bestätigen.

Wie

Wie überhaupt Glossen in den Text kommen konnten, ist nicht schwer zu erklähren. Es durfte nemlich der Abschreiber nur die unter dem Text stehende Anmerkung für eine ausgelassene Stelle ansehen, denn diese rückte man nicht gerne da ein, wo sie fehlte, sondern schrieb sie unter die Seite, um den Codex nicht unansehnlich zu machen.

Stärker fällt es auf, daß diese und die obbenannte Gattung von Fehlern gerade in alle unsere Codices aufgenommen seyn soll. Aber wie groß war denn wol die Anzahl der Exemplare, aus denen die unsrigen flossen? Wie viele mogte man vorfinden, da man aus der babylonischen Gefangenschaft zurückkehrte, wie viele mitbringen, wie viele unmittelbahr vor diesem Exil insonderheit von den Propheten haben? So gar mit den Büchern Mosis war man bis zum Erstaunen unbekannt: Nehemia XIII, 1—3. Auch in der Folge gabs Perioden, in welchen man von manchem Theil der Bibel, aller Wahrscheinlichkeit nach, wenige Abschriften hatte. Antiochus Epiphanes wütete wider die heiligen Bücher der Juden; nachher ward der Originaltext durch die Uebersetzungen verdrängt. Selbst der Augenschein lehrt, wie wenig Codices bey allen den Manuscripten und

und Ausgaben, die wir von einigen Theilen der Bibel besitzen, zum Grunde liegen; ihre gesamten Varianten lassen sich auf zwo oder höchstens drey Quellen zurück führen. Ja wenn die Anzahl jener Urexemplare auch viel beträchtlicher gewesen wäre? Ein Fehler durfte, um allgemein zu werden, nur in der Abschrift stehen, in welcher man zuerst das unbekannt gewordene hebräische Alphabeth mit dem Chaldäischen vertauschte; oder in die Copie gedrungen seyn, welche die Worte zuerst theilte und Finalbuchstaben einführte; oder sich in den Codex geschlichen haben, der zuerst mit Fracturlettern geliefert wurde, (ich wage dies hinzuzusetzen, es erhellet aus dem Hieronymus nach meinem Gefühl sehr deutlich, daß die Bücher mit der Fracturschrift nicht von jeher im Gebrauch waren, anderer Gründe nicht zu erwehnen.) Das Studium der Bibel, ja die Litteratur überhaupt, lag in mancher Periode zu sehr, als daß ein Werk der Art gehörig sollte geprüft seyn; man nahm die Arbeit des berühmten Mannes, bey der Fehler unvermeidlich waren, an, ohne auch nur zu denken, daß sie Fehler haben könne. Selbst die Critik gab wol nicht wenig Nachläßigkeiten das canonische Ansehen. Man legte nicht allein die Codices der Masorethen, dieser Leute, denen es zum Theil an Einsicht in ihre Kunst ja an Geschmack und Sprachkenntnis fehlte, bey den folgenden Abschriften zum Grunde, man änderte so gar nach ihnen die alten Exemplare, ja selbst die Versionen und Citata.

Sollte es übrigens befremden, daß ich die critische Conjectur so oft bey diesen Stücken nöthig gefunden, so bitte ich zu beherzigen: theils, wie früh diese Aufsätze litten, (die meisten von ihnen waren schon zu den Zeiten der Septuaginta Fragmente, warens wol schon, als sie den übrigen heiligen Schriften beygefügt wurden; theils, wie selten das richtig abgeschrieben zu werden pflege, was nicht verstanden wird, und gleichsahm in das Dunkel der Hieroglyphe gehüllt scheint, und ob anonymische Arbeiten je so vollkommen auf die Nachwelt kamen, als diejenigen, welche der Name eines großen Mannes schützte.

Darf ich hinzusetzen, daß man mir eine Freude machen wird, so oft man mir zeiget, daß eine meiner Vermuthungen unnöthig ist; man kann versichert seyn, daß keine da stehe, die ich nicht Jahre hindurch wegzuschaffen gesucht hätte.

I.

Cap. IX.

Ein drohender Ausspruch Jehovahs über das Land Chadrach, und Dameseck dessen Pflanzstadt, (denn vor Jehovah ist das Unrecht der Menschen, und er hilft den Stämmen Israels,) und auch über das Chamat, was an Tsor und Tsidon grenzt.

———————

Ob Tsor gleich weise ist,
    Und sich Bolwerk baut,
    Und Silber hat wie Staub,
Und Gold wie Gassenkoth,
Wird sie doch der Herr verdrängen!
Ihre Dämme zerstöhrt das Meer,
Sie selbst ist des Feuers Raub.
Sehen wirds Ascalon, und sich fürchten,
Und Gaza — und trauren,

A
                               Und

Und Ekron? — seine Hofnung welkt dahin!
Gaza wird keine Königsstadt mehr seyn!
Askalon liegt wüste,
Und fremder Pöbel wohnet in Asdod!
Ich stürtze den Stoltz des Philisters,
Reiß ihm das Blut vom Maul,
Die Greuel aus den Zähnen:
Und schütze mein Haus *)
Vor jedem Feinde;
Kein Räuber wirds weiter berauben,
Jetzt sorge ich für sie!
Frohlocke Tsion,
Jauchze, Tochter Jerusalems!
Siehe kommen wird dir dein König,
Er gut und groß!
Friedlich zeucht er einher auf einem Esel,
Auf einem Füllen, dem Sohn der Eselinnen.
Ich thu' ab die Wagen von Ephraim,
Und die Rosse von Jerusalem;
Zerbrochen wird der Bogen des Krieges,
Befohlen Ruhe den Völkern!
Sein Reich geht von Meer zu Meer,
Vom Fluß **) bis zur Wüste!
Schon hab' ich dir durch deines Bundes Blut

Wieder=

---

*) Nicht der Tempel, sondern das Volk Israel und
   Juda; — mein Haus! So recht die Sprache der
   Liebe!
**) Euphrat.

Wiedergebracht deine Gefangnen
Aus der wasserlosen Grube:
(Kehrt zurück zum sichern Hort
Gebundne! Die Sehnsucht erwartet euch!)
Zu seiner Zeit bringe ich dir noch einmal so viel
zurück.

Juda ist mein Bogen,
Ephraim mein Köcher,
Ich führe deine Söhne, Ision,
Ueber die Söhne Javans,
Und mache dich zum starcken Schwerdt.
Ja Gott erscheint über ihnen!
Es fliegt im Blitze sein Pfeil;
Gottes des Herrschers Posaune tönt;
Er wandelt auf den Wogen des Südwinds!
Der Heerscharen Gott wird sie beschirmen. —
Sie fressen und zertreten die Söhne der Schleuder,
Trincken ihr Blut wie Wein,
Werden voll, wie Opferschaalen
Wie Hörner des Altars.
Ja der Herr schützt sie dann,
Wie eine Heerde, sie sein Volck!
Mauren umgeben sein Land,
Denn, o! wie ist es so schön und herrlich,
Korn giebt es den Jünglingen,
Und *) Most den Jungfrauen!

---

*) S. Hohelied 1, 6. VIII, 2.

II.

Cap. X. 1 — 2.

Bittet Regen vom Herrn, wenn ihr Regen
bedürfet!
Der Herr macht die Wolcken,
Und giebt ihnen Wasser die Fülle,
Gibt jedem Graß auf seinen Acker!
Ja die Götzen lügen,
Die Zeichendeuter sehen Blendwerck,
Die Träume trügen, ihr Trost ist Dunst!
Weil man ihnen trauet, irrt man umher und
ängstigt sich
Wie eine Heerde, die keine Weide hat.

III.

III.

Cap. X. 3 — zu Ende.

»Ueber die Hirten entbrennt mein Zorn.«
»Und wider die Böcke will ich mich aufmachen!« —

Ja, der Herr der Heerscharen sucht heim das
Haus Juda seine Heerde, und hält es wie einen
auserwählten Haufen im Kriege. Aus ihm nimmt
man Heerführer, aus ihm Feldobersten, aus ihm
Hauptleute, ja alle Gattungen von Anführern.
Es wandelt durch die Schaaren der Krieger, wie
ein Riese durch Gassenkoth, und sieget, denn
Jehovah ist mit ihm: zu Schanden werden die
Reisigen. Ja ich stärke das Haus Juda! —
Und auch dem Hause Joseph will ich helfen, und
ihm Wohnungen anweisen! Ich erbarme mich
seiner, es wird seyn, als hätte ichs nie verworfen:
ich bin Jehovah sein Gott, ich habe es erhört! Ja
Ephraim ist stark, und sein Herz trunken für Wonne:
seine Kinder werdens sehen und sich freuen; jauchzen
wird ihr Herz dem Herrn. Ich will ihn rufen und
samlen. Ja ich helfe ihm; er wird so groß seyn als er
je war. Ich will ihn unter den Völkern schützen,
und an fernen Orten wird er meiner gedenken,
und wird leben mit seinen Kindern und wieder-
kehren. Zurück führen will ich ihn aus dem Lande
Aegyptens, und aus Assur will ich ihn sammlen,
und will ihn ins Land Gilead und Libanon bringen,

A 3   und

und das Land wird für ihn zu klein seyn. Eine Plage überzieht das Meer *) und schlägt seine Fluthen, vertrocknen sollen alle Tiefen des Flusses: **) zu Boden getreten wird der Stolz Assurs, und von Aegypten entweicht das Scepter. Ich will ihn stärken! Durch mich, und in meinem Nahmen wird er einher gehn, spricht Jehovah!

---

*) rothe Meer.
**) Euphrats.

IV.

IV.

Cap. XI, 1 — 3.

Oefne Libanon deine Thore,
Daß Feuer deine Zedern verzehre!
Heule o! Tanne,
Denn die Ceder ist gefallen,
Welche Fürsten gepfleget haben:
Heulet ihr Eichen Basans,
Denn gefallen ist der feste Wald!
Die Hirten weinen,
Denn dahin ist der Reitz ihrer Fluhr!
Die Löwen brüllen,
Denn der Stolz des Jordans ist dahin!

———————

V.

8

V.

Cap. XI, vom 4 V. bis zu Ende.

So sprach der Herr mein Gott! du weidest sie noch diese Schlachtschafe, diese Heerde, die der Käufer kaltblütig tödtet, und der Verkäufer freudig zur Schlachtbank liefert, und beyder Hirten nicht schonen? O ich will die Einwohner dieses Landes nicht weiter schonen! Siehe ich gebe jeden in die Hände seines Mitbürgers, und in die Hand seines Königs. Umkehren werden sie das Land, und ich werde nicht retten aus ihren Händen.

Ich weidete die Schlachtschafe für die Schafhändler, und hatte mir zween Stäbe gemacht, den einen nannte ich: gute Huth, den andern: Vereinigt; ich weidete, sage ich, die Heerde, und nun verwarf ich die ganze Hirtenzunft mit einem male, (ich hatte kein Vertrauen zu ihnen, und auch sie fragten nichts nach mir,) und sprach: ich will nicht weiter mit euch hüten, was sterben soll mag sterben, und was man auszustossen Lust hat, mag ausgestossen werden, und was übrig bleibt, mag eins das andre fressen. Und ich nahm den Stab: Gute Huth und zerbrach ihn, um den Bund aufzuheben, den ich mit allen umliegenden Völkern gemacht hatte, und er ward sogleich aufgehoben; und die Schafhändler, die mich nicht aus der Acht ließen, sahen also, daß ich auf Befehl Gottes handelte. Und ich sagte zu ihnen,

beliebts

beliebts euch), so gebt mir meinen Lohn, wo nicht, so laßt es. Und sie gaben mir dreyßig Silberlinge. Und der Herr sprach zu mir: Wirf ihn hin für den Ziegelbrenner, den herrlichen Lohn, deffen man mich werth geachtet hat. Und ich nahm die dreyßig Silberlinge, und brachte sie zum Tempel für den Ziegelbrenner. Und ich zerbrach den zweyten Stab, den Stab: Vereinigt, um die Brüderschaft zwischen Juda und Israel aufzuheben. —

Und der Herr sprach zu mir: nimm das Geräth der sorglosen Hirten zu dir, zum Zeugniffe wider ihn. — Denn ich laffe einen Hirten aufkommen im Lande, der nach dem ausgestoßenen nicht siehet, das vermiffte nicht suchet, das verwundete nicht verbindet, das matte nicht stärket, aber das fette frifft oder übertreibet. Wehe dem schändlichen Hirten, der die Heerde vernachläffigt. Fluch über seine Arme und über sein rechtes Auge, sein Arm verdorre, und sein rechtes Auge werde mit Blindheit geschlagen!

VI.

Cap. XII, 1 — 9.
Drohender Ausspruch Jehovahs über Israel.

────────────

Chor von Jerusalem.

So spricht Jehovah,
Der die Himmel ausbreitet,
Und die Erde hält,
Und den Geist des Menschen schaft:
Siehe Jerusalem steht da, als eine Säule,
An der alle Völker umher ihre Kräfte versuchen,
Und auch Jehuda leidet,
Wenn Jerusalem bestritten wird.
Aber dann wird Jerusalem auch eine Last seyn,
Die allen Völkern umher zu schwer ist,
Wer sie von ihrer Stelle heben will, wird zer=
                    schmettert,
Und versuchtens alle Nationen der Erde.

Chor von Jehuda.

Dann, so spricht Jehovah,
Soll Scheu die Rosse ergreiffen,
Und Schrecken die Reuter:
Aber über das Haus Jehuda
Will ich meine Augen öfnen,
Und sagen werden die Fürsten Jehuda in ihrem
                    Herzen:

                            Jeru=

Jerusalems Stärke
Ist der Heerscharen Gott, ihr Gott!

Chor von Jerusalem.

Dann mach ich die Fürsten Jehuda
Gleich einer Gluth unter Holz,
Gleich einer Fackel unter Spreu,
Verzehren werden sie zur Rechten und zur Linken
Alle Völker umher! —
Jerusalem steht unerschüttert,
Und die Hütten Jehuda segnet Jehovah wie zuvor;
Daß sich nicht erhebe
Der Glanz des Hauses David
Und der Bürger Jerusalems
Ueber den Glanz Jehudas!

Chor von Jehuda.

Dann schirmet Jehovah die Bürger Jerusalems:
Der schwächste ist dann wie David;
Und das Haus Davids gleicht den Engeln,
Gleicht dem Cherub Jehovahs an ihrer Spitze.

Chor von Jerusalem.

Dann will ich zu verderben trachten alle Völker,
Die sich aufmachten wider Jerusalem — — —

VII.

VII.

Cap. XII, vom 10 Vers
bis Cap. XIII, V. 6.

— — — Und ich gieſſe aus über das Haus Davids und über Jeruſalems Bürger den Geiſt des Gebeths und Flehens! ſie werden mich anſehen, welchen jene zerſtochen haben, und werden ihn klagen, wie man klaget ein einiges Kind; und werden ſich um ihn betrüben, wie man ſich betrübet um ein erſtes Kind *). Dann wird die Trauer zu Jeruſalem groß ſeyn, wie die Trauer zu Hadadrimmon, im Thale Megiddon. Jedes Geſchlecht wird beſonders trauern; das Haus David beſonders, und ihre Weiber beſonders; das Haus Nathan beſonders, und ihre Weiber beſonders; das Haus Levi beſonders, und ihre Weiber beſonders; das Haus Simei beſonders, und ihre Weiber beſonders; und die übrigen Familien beſonders, und ihre Weiber beſonders. Dann hat das Haus Davids und Jeruſalems Bürger einen offenen Born wider Unreinigkeit und Sünde. Und dann, ſpricht der Heerſcharen Gott, will ich die Nahmen der Götzen von der Erde vertilgen. Nicht gedacht ſoll ihrer mehr werden! Und die Propheten und den Lügengeiſt will ich verbannen von der Erde! Und weiſſagt

---

*) Luthers Ueberſetzung. S. die Anmerkungen.

weiſſagt noch jemand, ſo werden ſeine leiblichen
Eltern zu ihm ſagen: Du verdienſt nicht zu leben!
denn du haſt Lügen geſagt im Namen Jehovahs; —
und ſeine leiblichen Eltern werden ihn züchtigen
wegen ſeines Prophezeyens. Und dann wird jeder
Prophet ſich ſeiner Prophezeyungen ſchämen, und
ſich nicht weiter in ein Fell hüllen, um zu lügen,
ſondern ſagen: ich bin kein Prophet; ich bin ein
Landmann; ich habe einen geringen Mann gedient
von Jugend auf. Und wenn man zu ihm ſaget:
was ſind das für Wunden in deinen Händen?
wird er ſprechen: o! die haben mir Leute
geſchlagen, die's wohl mit mir meinen.

VIII.

VIII.

Cap. XIII, vom 7 V.
bis zu Ende des Capitels.

Schwerdt mache dich auf wider meine Hirten und wider mein Volk, spricht Jehovah! Schlage die Hirten, daß sich die Heerde zerstreue! — Doch will ich meine Hand nach dem Ueberbleibsel ausstrecken! zween Theile von den Einwohnern des ganzen Landes werden ausgerottet und vertilget werden, und nur der dritte wird bleiben; und diesen dritten will ich durchs Feuer führen, ihn reinigen, wie man Silber reiniget, und ihn läutern, wie man Gold läutert; er wird meinen Nahmen anrufen, und ich werde ihm antworten; ich nenne ihn mein Volk, und er wird sagen: Jehovah mein Gott!

IX.

IX.

Cap. XIV.

Siehe Jehovah läßt den Tag kommen, daß deine Beute in dir getheilt wird! "Ich sammle alle Völker wider Jerusalem zum Streit!„ — Man nimt die Stadt ein, plündert die Häuser, schändet die Weiber, die Hälfte der Einwohner wird weggeführet, — der andere Theil ist wohl behalten: Jehovah zeucht aus, diese Völker zu vertilgen, wie er je am Schlachttage vertilgte. Er zeucht gegen den Theil des Oelbergs her, der gegen Morgen vor Jerusalem liegt. — Und der Oelberg spaltet von Osten nach Westen zu einem weiten Thal, so daß die eine Hälfte nach Norden, die andere nach Süden fällt, und das Bergthal *) wird verschüttet, (denn der Oelberg trifts seitwerts,) verschüttet, wie es durchs Erdbeben zur Zeit Usia verschüttet wurde. Es kommt Jehovah allen deinen Heiligen! **) Dann wird kein Sonnenlicht seyn, sondern Kälte und Dunkel, (es ist eine Zeit, dergleichen nur Gott kennt!) ***) der Tag hält seine Ordnung nicht! — aber auch die Nacht nicht, es wird Licht wenns Abend seyn sollte. Dann werden lebendige Wasser aus

---

*) das Thal am Tempelberge.
**) Jerusalem, allen deinen Frommen, nemlich: zur Hülfe.
***) dergleichen noch niemand erlebt hat.

aus Jerusalem, theils ins östliche Meer, theils ins
westliche fliessen, im Sommer wie im Winter fliessen.
Und Jehovah wird herrschen über das ganze Land.
Dann[ist es Jehova allein und sein Nahm' es allein.]
[Es] wird die ganze Gegend von Gaba bis Süd=
rimmon beynahe zur Ebne, der untere Theil von
Jerusalem aber erhöhet werden, und sich vom Thor
Benjamin bis zum Ort des alten Thors, und von
da bis zum Eckthor und zum Thurn Hananeel, und
dann bis zur Kelter des Königs erstrecken, und ein
sichrer Wohnplatz seyn. Ja, Jerusalem hat nichts
zu fürchten. Und das wird die Plage seyn, womit
Jehovah die Völker heimsucht, die wider Jerusalem
gezogen sind. Plötzlich wird ihnen ihr Fleisch verfaulen,
und ihr Auge verfaulen, und ihre Zunge verfaulen. Ja,
Jehovah wird dann eine große Niederlage unter ihnen
anrichten, ungeachtet sie so einig sind, und selbst
Jehuda wider Jerusalem streitet. Und man wird
die Güter aller benachbahrten Völker erbeuten, sehr
viel Gold, Silber und Kleider. Und die nämliche
Plage wird die Pferde, Maulthiere, Camele, Esel
und alles Vieh im feindlichen Lager treffen.

Und das Ueberbleibsel von den Völkern, die wider
Jerusalem gezogen sind, wird von Jahr zu Jahr
kommen, um Jehovah, den Herrscher, anzubeten,
und zwar das Fest der Laubhütten zu feyern. Und
über die Familien, die nicht nach Jerusalem ziehen,
um Jehovah, den Herrscher, anzubeten, wirds nicht
regnen. Und sollte über die Aegypter, im Fall sie

nicht

nicht nach Jerusalem zögen, [und kämen] nicht eben die Strafen ergehen, womit Gott jene Völker heimsucht, wenn sie nicht hinauf ziehen, das Fest der Laubhütten zu feyern? Einerley Strafe soll über die Aegypter und jene Völker ergehen, wenn sie nicht hinauf ziehen, das Laubhüttenfest zu feyern.

Zu der Zeit werden die Opfermahle des Volks rein vor dem Herrn seyn, und die Töpfe im Hause Gottes rein wie die Geräthe des Altars, ja alle Töpfe in Jehuda so rein vor dem Herrn, daß der Opfernde sie ohne Unterschied nehmen und darin Speise bereiten kann, und im Hause Gottes niemand ist, der Geschirre vermiethet.

I.
Cap. IX.

"Denn vor dem Herrn iſt das Unrecht der Men=
ſchen.,, Daß hier der Text fehlerhaft ſey, bedarf
wol keines Beweiſes. Ich wage, ſtatt Ajin, Avon
zu ſetzen, und כל mit einem Kamets ſtatt des Cholems
zu punctiren; ו und י können ſo leicht verwechſelt
werden; ja hier iſt der Grund dieſes Fehlers ſicht=
bahr: laß man Avon, ſo wußte man keinen Ver=
ſtand aus dieſen Worten herauszubringen, weil man
glaubte, daß כל nichts anders, als alles heißen
könne; כל kömt vielleicht nur ein einziges mal in un=
ſerer Bedeutung vor, nämlich Jeſ. XL, 12; laß
man Ajin, ſo ſchien man wenigſtens einen erträg=
lichen Sinn zu haben.

Ueberhaupt iſt die ganze Parentheſe verdächtig.
Sie unterbricht den Sinn auf eine auſſerordentlich
harte Art; dazu müſte wol die Partikel ב vor
Chamath wiederholet ſeyn, wenn das Einſchiebſel
keine Gloſſe ſeyn ſollte.

"Sedrach, Damaſcus, Chamat.,, Sedrach,
ſo die LXX ſowol nach dem Vaticaniſchen als
Alexandriniſchen Codex.

Da die Lage von Damaſcus und Chamat genau
und zuverläßig bekannt iſt, (ſie grenzen an einan=
der und gehören beyde zu Syrien,) ſo ergiebt ſich
die Bedeutung des Sedrach von ſelbſt. Sedrach
kann, vermöge des Zuſammenhangs, nichts anders
als die Küſte von Tyrus bis Gaza ſeyn; — es
darf

darf nicht befremden, daß nach dieſer Erklährung
ſo viele Staaten unter einen Namen begriffen wer=
den, der Hebräer giebt ihnen noch eine gemein=
ſchaftliche Benennung: Peliſchtim; auch der
Grieche und Römer betrachtete die Bewohner der
ganzen Küſte als eine Nation, — hieß ſie Phö=
nicier: z. E. Tacitus Hiſt. Lib. V, pag. 390.
Zweybr. Ausg. Plinius Hiſt. Natur. Lib. V,
pag. 326. Zweybr. Ausg. Dieſe Völkerſchaften
hatten einerley Urſprung, ſie ſtammten alle von den
Cananitern her, und hielten aufs ſtärkſte zuſammen.

Der Prophet wählte wahrſcheinlicher Weiſe den
Namen Sedrach, weil er nicht zweymal Peliſchtim
ſagen wollte, und vielleicht war dieſer Name außer
dem jüdiſchen Lande gebräuchlicher als Peliſchtim,
war etwa würdiger. Phönice ſcheint gerade die
Ueberſetzung von Sedrach, nach der Mode der Vor=
welt, fremde Namen nicht ſo wohl in ihre Sprache
aufzunehmen, als mit einem einheimiſchen Worte
gleiches Sinnes zu vertauſchen.

"Seine Colonie,, Syrophönice. Nacha heißt
II. Reg. XVIII. 11. Colonos mittere.

V. 2. "Und das Chamat was an Tſor und
Tſidon grenzt.,, Auch bey dieſer Ueberſetzung be=
fremdets noch, daß in der Folge nichts von Tſidon
weiter vorkömt. — Man mögte wol argwöhnen,
daß hier der Text fehlerhaft ſey. Das Gabal im
Futuro; das Tſor ohne ו, da es unmittelbahr
nachher ein ו hat, das Tſor zweymal; — —

Sym=

Symmachus laß nicht: Tigbal bah, son=
dern הגבל, mit dem ה statt Ascher, und
construirte Hamath, als ein Masculinum. Vielleicht
stand hier weder Tsor noch Tsidon. Man würde
wenig ändern, wen man läse חמת הגבל בחצרעיֿנון,
oder חצרעיֿנן, denn beyde Leßarten finden sich;
man risse einige Buchstaben von einander, die ein
uncritischer Masoreth verband; verwandelte ein צ
in ע, ein ר in נ, Buchstaben, die häufig ver=
wechselt werden, weil sie sich, besonders in Manu=
scripten, sehr ähnlich sehen; und ließ ein ו aus,
das man einschieben mußte, wenn man Tsor lesen
wollte; hülfe dagegen, wie gesagt, einer Menge
Schwürigkeiten ab, und wiese Emath den Platz an,
den es ausdrücklich Num: XXXIV, 8 — 10. und
Ezech. XXXXVII, 17. hat.

V. 3. "Ob Tsor gleich.,, Daß man diese Worte
mit Unrecht zum zweyten Vers rechnete, fällt in
die Augen.

V. 4. "Ihre Dämme zerstöhrt das Meer.,, Ich
lese Hocka. Man mißhandelt den Propheten, wenn
man ihn hier das Hiphil brauchen läßt; da das eine
Glied im Passivo stand, mußte auch das andere
darin stehen.

Die Worte V. 3. ob Tsor sich gleich Bolwerke
baut, zeigen, was hier unter Chela zu verstehen
sey, Dämme, Schutzwehren.

V. 5.

V. 5. "Und Ekron? Seine Hofnung.„ — — Die Wendung ist dichterisch, und dem Hebräer nicht ungewöhnlich.

"Und fremder Pöbel.„ Die Masorethen thaten übel daran, daß sie den Satz: und fremder Pöbel wohnet zu Asdod, vom vorhergehenden abrissen.

Asdod und Ekron müssen hier als eins angesehen werden: (Vielleicht war damals Asdod das Haupt in Ekron; 1 Macc. X, 8. 9. scheint Ekron die Gegend um Asdod zu seyn;) der hebräische Dichter ist zu correct, als daß er dem Verse, "und Ekron? sein Muth sinkt,„ keinen paralel Satz geben sollte, da jeder der beyden übrigen Verse einen hat. Der Soph Pasuck stehet hier wieder am unrechten Ort.

V. 7. "Venischar ꝛc.„ Dieser Theil des siebenten Verses hat alles Ansehn einer Glosse. Von Vehikrati V. 6. bis Beenai V. 8. gehet der Vortrag in der ersten Person fort; darzwischen einige Zeilen in der dritten Person! Gott wird redend eingeführt und mitten in der Rede Gottes spricht jemand von Gott! Anderer Gründe nicht zu gedenken.

V. 8. "Mein Haus.„ Nicht der Tempel, sondern das Volk. Der Grund, daß ich von der gewöhnlichen Erklährung abgehe, ist das folgende Alehem.

"Mitsaba meober umischab.„ Drücke ich kurz durch: vor jedem Feind, aus; wörtlich wußte ich es nicht edel genug zu geben.

"Jezt

"Jezt sorge ich für sie.„ Man wird diese Ueber⸗
setzung gelten lassen, wenn man bemerkt, daß
das Ki atta ꝛc. nur auf die Worte, "kein Räuber ꝛc.„
gehe, und beyde zusammen genommen, den Aus⸗
druck: schützen will ich mein Haus vor jedem Feinde,
wiederholen. In Ansehung der Deutlichkeit hätte
ich gewonnen, wenn ich für sie: dasselbe gesetzt
hätte! Aber meine Uebersetzung sollte das Original
so getreu als möglich ausdrücken.

V. 9. "Tsion.„ Die Frankfurter Edition von
1595 hat nicht Tochter Tsion, sondern bloß Tsion;
und in der That scheint das: Tochter wegfallen zu
müssen. Weil im folgenden 13ten Verse nur Tsions
und nicht Jerusalems gedacht wird, so konnten hier
nicht wohl beyde Tsion und Jerusalem angeredet
werden.

"Groß.„ Noscha glückseelig, siegreich. Ps.
XXXIII, 17. Num. X, 9.

"Friedlich zeucht er!„ Das ו vor Rokeb fehlt
in zwoen Handschriften beym Kennicott. Man
mögte sogar vermuthen, daß das ו aus י entstanden
sey, wegen des vorhergehenden Futuri sollte auch
wol hier das Futurum stehen. Es ist, als habe
das ו vor Noscha die Abschreiber verführt.

Daß Ani friedlich heiße, zeigt der Zusammen⸗
hang: der Monarch hat seine Feinde überwunden,
niemand wagts, ihn weiter zu beunruhigen, er hält
nun seinen Einzug nach morgenländischer Sitte auf
die

die beschriebene Art, zum Beweise, daß um seine Grenzen her Friede herrsche.

"Auf einem Füllen.,, Der Codex 96 beym Kennicott läßt das ן aus.

"Eselinnen.,, Siehe die Note des Herrn Ritters Michaelis zu dieser Stelle.

B. 10. "Ich will abthun,, Es bedarfs nicht, daß man, wie Herr Houbigant meint, mit den LXX die erste Person in die dritte verwandle! Die Rede fließt ohne das vortreflich. Nur muß man statt dibber, dübbar lesen. So haben, nach der Meynung des Herrn D. Kennicotts, Codex 145 und 224.

"Vom Fluß bis zur Wüsten.,, Beynahe wörtlich Pf. LXXII, 8. — Alle die Länder, die Gott den Israeliten verheissen hatte. Exod. XXIII, 31. Num. XXXIV, 1 — 12.

B. 11. Schon habe ich dir — — zurück gebracht deine Gefangenen. Die gewöhnliche Leßart giebt einen herrlichen Sinn; ist auch dem Geiste der Sprache gemäß, man sehe Dan. II, 29. Die Leßart des griechischen und lateinischen Uebersetzers hat gar keinen Verstand. Man laß Schalacht, weil man sich nicht in das At finden konnte. "Durch deines Bundes Blut.,, Ich glaubte ehedem, daß diese Stelle auf irgend eine besondre Passa=Feyer ziele: "weil du den Bund mit mir durchs Passa "erneuert hast, bringe ich dir einen Theil deiner

"ge=

"gefangenen Einwohner zurück.„ 2 B.Mos.XXIV,
8. da nahm Moses das Blut und sprengete das
Volk damit und sprach: das ist das Blut des Bun=
des, den der Herr mit euch machet. Jezt mögte
ich sie lieber auf eine Vereinigung Judas mit Israel
ziehen. Wäre jener Sinn, und nicht dieser, der
wahre, so stünde wol: durch **meines** Bundes Blut.
Insbesondere scheint der 13te Vers diese Erklärung
zu fodern: Juda ist mein Bogen, Ephraim mein
Köcher.

"Bor en majim bo..„ Wahrscheinlich eine An=
spielung auf 1 B. Mos. XXXVII, 24.

V. 12. In dem unmittelbahr vorhergehenden
Verse sagte Jehovah zu Jerusalem, daß er ihr einen
Theil ihrer Kinder zurück brächte; itzt redet er diese
Erlöseten an: komt zurück zum sichern Hort, dahin
zurück, wo ihr nichts mehr zu fürchten habt, Ge=
fangene, nach denen man so sehnlich außsieht ꝛc.
Ich denke nicht, daß ich diese Uebersetzung zu ver=
theydigen habe, ungeachtet sie von allen alten und
neuen so ganz abgeht.

Der gute Houbigant ließ sich hier, wie an so
mancher andern Stelle, von den LXX verführen.

V. 13. "Ephraim mein Köcher!„ Ps. 127, 5.
Ein kühnes Bild! Gott ist der Held, der zum
Streit auszeucht, Juda ist sein Bogen, Ephraim
sein Köcher, Tsion sein Schwerdt! — Hätte der
Pro=

Prophet kalte Prosa geschrieben, so mögte Houbi-
gants Muthmaßung mitgehen.

"Die Söhne Javans.„ Die Leßart der LXX ist
offenbahr vorzuziehen.   Man muß sich wundern,
daß auch die besten Ausleger in dieser Stelle Griechenland finden. Augenscheinlich ist Javan hier das,
was in der Aufschrift Damascus und Chamat heißt;
durch die Niederlage Sedrachs war ein Theil des
jüdischen Volks aus seiner Gefangenschaft erlöset
worden, ein anderer Theil sollte durch die Niederlage Chamats und Damascus befreyet werden.
Ueberhaupt verstanden die rein hebräischen Schriftsteller nie Griechenland unter Javan.   Siehe die
IIte Abhandlung.

V. 14. u. 15. "Im Blitze sein Pfeil.„   Man
scheint, statt des Caphs ein Beth lesen zu müssen.
Gott bekämpft die Feinde aus einem Gewitter: der
Donner ist seine Posaune; er wandelt im Sturme!
— Was erwartet man, daß sein Pfeil im Blitze
fliegt, oder daß er gleich dem Blitze fliegt? — Daß
man in den bekannten Handschriften kein Beth fand,
kam daher, daß man keines vermuthete.

"Im Sturm.„ Man hat keine Ursache mit den
LXX oder dem Houbigant Teman in Saamo zu
verwandeln! Sollte von Juda her ein Ungewitter
über die Javaneser aufziehen, so mußte es vom Süd-
winde hergeführet werden.   Der griechische Ueber-
setzer wurde aller Wahrscheinlichkeit nach durch eben

die

die Hypotheſe getäuſcht; die Herrn Houbigant
verleitete.

"Gott — Gott der Herrſcher — der Heer=
ſcharen Gott.„ Die Rede ſteiget!

"Wie Opferſchalen, wie Hörner des Altars.„
Nach unſern beſten Codicibus, wie eine Opferſchale;
wie ein Horn des Altars, (des vorhergehenden Singu=
laris wegen iſt auch זָרֹק in der einfachen Zahl zu le=
ſen.) Aber ich habe hier freyer überſetzen zu dürfen ge=
glaubt, weil der Text ſo ungewiß iſt. Man ſehe die LXX.

"Ihr Blut.„ Ich trete der Leßart der LXX
bey, die unter andern auch der Codex des Hierony=
mus hatte; das folgende: "wie Wein,„ ſcheint ſie
nothwendig zu machen.

Iſrael hat ſeine Feinde geopfert, trinkt ſtatt
Weins zu ſeinem Opfermahl das Blut der Erſchla=
genen, hat des zu viel, wird voll davon, wie eine
Schaale ein Horn des Altars voll vom Blut der
Opfer=Thiere wird! Schauderhafter konnte der
morgenländiſche Pinſel nicht mahlen.

"Verzehren.„ Iſrael ſättigt ſich mit dem Fleiſch
ſeiner Feinde, kanns nicht verzehren, hat zu viel,
tritt es übermüthig mit Füßen. Der Paralelismus
fodert dieſen Sinn: ſie haben des Blutes überflüßig —
alſo auch des Fleiſches! Unter einem ähnlichen
Bilde ſtellet Daniel Cap. VII, 7. einen Eroberer dar:
"fraß um ſich und zermalmete, — das übrige zer=
trats mit ſeinen Füßen.

"Söhne

"Söhne der Schleuder." „ Nach unſern Handſchriften und gedruckten Exemplaren: "Schleuderſteine.„ Aber wie konnte der Prophet die Feinde ſeines Volks Steine nennen, da er ſagte, daß Iſrael ihr Blut trinken würde? Nimts der hebräiſche Dichter ſo genau nicht, oder iſt der Text fehlerhaft? Ich dächte, man müßte ſo billig ſeyn, das letztere zu wählen, ein ה ſtatt des א (הבני ſtatt אבני) die Söhne der Schleuder, und die Ehre des Propheten iſt gerettet!

V. 16. "Mauren umgeben ſein Land.„ Schon der Zuſammenhang bürgt für dieſe Ueberſetzung.

V. 17. "Denn o wie iſt es ſo ſchön und herrlich? Korn ſchenkt es den Jünglingen und Moſt den Jungfrauen.„ Ich ziehe dieſen Vers auf Abmato. אדמת iſt wol auch Exod. III, 5. Zach. II, 16. Dan. XII, 2. trotz den Maſorethen, als ein Masculinum gebraucht. Ja lieber würde ich annehmen, daß hier ein Nomenfömininum mit dem Suffixo und Verbo masculino nach alter Art conſtruiret werde, (man ſehe die vortrefliche Grammatick des Hrn. D. Storr, pag. 117 und pag. 141,) als den Propheten ſagen laſſen: Korn, das Jünglinge und Moſt, der Jungfrauen zeuget. Der Ausdruck iſt nicht allein unter der Würde des Propheten, ſondern auch der Gedankenfolge zuwider; das Ki ma tubo und ſo weiter, gehet offenbahr auf Abmato ſein Land; es ſoll anzeigen, warum es mit einer Beveſtigung umgeben ſey.

II.

Cap. X. B. 1. 2.

B. 1. "Bittet,, 2c. Der Prophet ermahnt seine
Brüder, wieder die Dürre, womit das Land heim-
gesucht wurde, Hülfe bey Gott und nicht bey
Götzen und Wahrsagern zu suchen.

"Wenn ihr Regen bedürfet.,, Man thut
den LXX zu viel Ehre an, wenn man auf ihr
Ansehen glaubet, daß in unsern jetzigen Bibeln
das Wort Joreh fehle. Der Grieche verstand
nur seinen Auctor nicht. Malkosch heißt nicht
immer Spaatregen, sondern manchmal auch Regen
überhaupt. Man sehe Hiob XXIX, v. 23.

"Wolken.,, Eine sehr mahlerische Stel-
le! — Ich übersetze Chasisim Wolken nach Hiob
XXXVIII, B. 25. und ziehe das Lahem auf
Chasisim. Man vergleiche auch Sprüch. XXV.
B. 14. Wolken ohne Regen.

B. 2. 3. "Ja die Götzen.,, Der Zusammenhang ist dieser: wenn ihr Regen bedürfet, so bittet
Jehovah darum; wo ihr jezt Hülfe suchet, könnt
ihr keine finden.

"Weil man ihnen trauet, gleichet man
einer Heerde, die herum irrt und sich ängstigt,
weil sie keine Weyde hat.,, Der Zusammenhang
zeiget, daß רעה nicht Hirte sondern Weyde,

Fut-

Futter, heiße. Leute die über Dürre klagen, gleichen einer Heerde, die herumirrt und sich ängstigt weil sie kein Gras hat; aber nicht einer Heerde, die hirtenloß ist.

Außer der Vulgata lesen die alten Ueberseßun= gen, besser als unsere jeßigen Bibeln, wie der Herr D. Dathe sehr gut anmerkt, Vaanu statt Jaanu.

III.

III.

Cap. X. V. 3 — 12.

Die Urſache, daß ich dieſen Theil des zehnten
Capitels vom vorhergehenden trenne, und als
eine neue Weiſſagung betrachte, iſt die gänzliche
Verſchiedenheit des Inhalts: dort wird von der
Dürre geredet, hier vom Kriege. Auch haben
einige gute Ausgaben einen Abſchnitt an dieſer
Stelle.

V. 3. "Ueber die Hirten.„ Der Verfaſſer
ſcheint mit einem Stücke alter Prophezeyung an-
zufangen. — Gott verwirft die Leute die Juda
regieren; er ſelbſt will die Sorge für dieſes Volk
übernehmen.

"Wie einen auserwählten Haufen.„ Man
kann den Propheten doch wol nicht gut ſagen
laſſen: Gott mache ſeine Heerde zum Streitros;
dies Streitros nehme ſeine Heerführer, Feldoberſten, Hauptleute aus ſich her; oder dis Streitros
gebe andern Heerführer, Feldoberſten, Hauptleute.
Alle Schwierigkeit fällt weg, ſo bald man סוך
ſtatt סום lieſt. Und gar leicht konnte סוכ
in סום verwandelt werden; theils ſind ſich Caph
und Samech ungemein ähnlich, (die Mode das
Caph wenns am Ende ſteht ך zu ſchreiben, wird ja
von allen guten Critickern für neu gehalten;) theils
war

war סוס bekannt, סוס hingegen unbekannt. Man wird diesen Fehler in der Folge noch einige mal finden.

V. 4. "Aus ihm nimmt man.,, Pinna, heißt schlechthin ein Heerführer, 1 Sam. XIV, 38.; Jathed und Keschcd wären gleichfalls militärische Titel; Milchama gehet nicht bloß auf Keschcd, sondern zugleich auf Pinna und Jated.

"Ja alle Gattungen von Anführern.,, Nogesch wird nicht immer in bösem Verstande gebraucht, sondern bedeutet manchmal einen Befehlshaber überhaupt. Jes. III, 12. LX, 17.

Das יחדו gehet bloß auf Nogesch; eine ähnliche Construction sehe man 1 Chr. X, 6.

V. 5. "Wie ein Riese.,, Ich wuste keinen bessern Ausdruck. Dazu wird Gibbor würklich 1 Sam. XVII, 51. in diesem Verstande gebraucht.

"Siegen.,, So übersetze ich das Milchamu und nicht wie gewöhnlich, streiten. Man sehe Es. VII, 1. II. Reg. XVI, 5.

V. 6. "Und auch das Haus Joseph.,, Man wird unser Stück weniger dunkel finden, wenn man bemerkt, theils daß das folgende bloß auf das Haus Joseph gehe, theils daß der Prophet nicht

nicht wie ein Historiker, sondern vielmehr in umge=
kehrter Ordnung erzähle.

"Und ihm Wohnungen anweisen.„ Diese
Leßart ist wol des folgenden wegen vorzuziehen.

"Ich habe es erhöret.„ Das Vau vor אצעם
betrachte ich als das conversivum Futuri.

V. 7. "Wird stark seyn.„ Kegibbor scheint
eine sehr verdächtige Leßart.

V. 9. "Ich will ihn unter den Völkern
schützen.„ Die Rede fließt besser, wenn man
Veesraem nicht von Sara Saat; sondern Seroah
Arm, herleitet.

V. 11. "Eine Plage überzieht das Meer —
Tiefen des Flusses, —„ Ich sehe mich gezwungen,
auch hier von der gewöhnlichen Uebersetzung abzu=
weichen. Abar kann nicht auf Gott gehen. Gott
redet unmittelbahr vor und nachher in der ersten
Person; auch nicht auf Israel, denn davon wird
der Pluralis gebraucht; — es bleibt also nichts
übrig, als daß es auf Tsara gehe.

Die Worte: eine Plage überzieht das Meer
und schlägt seine Fluthen, vertrocknen sollen alle
Tiefen des Flusses, werden durch den Zusatz:
zu Boden getreten wird der Stolz Assurs, und
von Egypten entweicht das Scepter, erklährt.

Die

Die Rückkehr der Israeliten soll eine Folge des Verfalls jener beyden Reiche seyn. —

Jesaias XI, 11=15. verbreitet ein ausserordentliches Licht über diese Weissagung.

V. 12. "Ich will ihn stärken.„ Ich theile anders ab, als der Masoreth; da Jehovah muß nicht mit vegibbartem, sondern mit Jithhallachu verbunden werden.

———————

IV.

Cap. XI. V. 1 — 3.

Ich darf mich wol nicht darüber rechtfertigen, daß ich diese drey ersten Verse des eilften Capitels für ein eignes und von dem vorhergehenden und nachfolgenden Stücke verschiednes Fragment halte. Materie, Einkleidung — ist so ganz anders! —

V. 2. "Welche Fürsten gepfleget haben.„ Von שדד verwüsten hergeleitet, giebt שדדו keinen bequemen Sinn, wenn genau übersetzt wird; und genau sollte doch wol übersetzt werden, man wünscht den Autor in der Uebersetzung zu finden. Ich lese שודדו mit einigen Kennicottschen Codicibus von Sidded ackern, oder Schad die Brust. — Uebrigens ist der Fehler sehr verzeihlich; שדד kommt in diesem Verstande nur selten, in jenem hingegen oft vor: dazu folgte שדד in jenem Verstande zweymal — V. 3. schúddeda — schúddeb.

"Der feste Wald.„ Die Leßart Batsur wird vom Zusammenhange gefodert. Der Sinn ist: was wird dein Schicksal seyn Basan, da so gar schon Libanon überwältigt ist; Libanon war nicht allein von der Natur sondern auch wie selbst Plinius Hist. nat. lib. V, p. 330, Zw. Ausg. anmerkt,

durch

durch die Kunst befestigt; Basan hingegen größtentheils ein flaches ofnes Land. Eine ähnliche Vorstellung sehe man beym Jesaias Cap. XXXVII, 24.

V. 3. "Stolz.„ Die alte und gewöhnliche Ueberſetzung iſt bey weiten beſſer, als die, welche der ſel. Profeſſor Faber in den Noten zum Harmar vorgeſchlagen hat. S. Th. II. 238. Nachdem der Dichter geſagt hatte, dahin iſt der Reitz ihrer Fluhr, konnte er nicht ſagen: das Geſtade des Jordans iſt verwüſtet: aber wol: der Stolz des Jordans iſt dahin; die Rede mußte nicht ſinken, ſondern ſteigen. Aber auch ein paar Worte auf Fabers Zweifel: Er irrt, wenn er meinet, das Schadad immer verwüſten heiſſe, es heißt überhaupt ſtürzen, Ezech. XXXII, 12. Auch war das Buſchwerk, der kleine Wald an den Ufern des Jordans, nicht des Jordans Stolz: nein die Eichen Baſans warens. Erſt verſichert der Prophet, die Eichen Baſans würden geſtürzet werden: "Heulet ihr ꝛc.„ nun ſagt er, daß ſie geſtürzet ſind: "Es weinen die Hirten, ꝛc.„

V.

Cap. XI. V. 4 — Ende.

Dieses Stück giebt uns von zweyen prophetischen Gesichten Nachricht.

Das erste derselben (V. 4–14) soll die Folgen des schändlichen Betragens, beydes der Regenten und Lehrer des jüdischen Volks zeigen. Ich hatte spricht der Prophet folgende Erscheinung. — Mit verschiedenen schlechten Hirten weidete ich eine Heerde, die sehr bösen Leuten gehörte, und weidete dieselbe mit großer Sorgfalt; ich hatte mir zween Stäbe gemacht, (den einen hieß ich: gute Huth, den andern: Brüderschaft,) als Gott zu mir sprach: Du weidest sie noch diese Heerde, die der Eigenthümer zur Schlachtbank liefert, und sein Hirte nicht schonet; nein du sollst ihrer nicht länger hüten. Gehorsam dem Befehl Gottes überließ ich die Schlachtschafe den Miethlingen. Immerhin, sprach ich zu diesen elenden, sey das Schicksal der Heerde traurig: — ich hüte nicht ferner mit euch! Ich zerbrach den Stab gute Huth u. s. w. und die Eigenthümer der Heerde, die mich nicht aus den Augen ließen, sahen hier die Hand der Gottheit! — Ich sagte hierauf zu diesen Schaafhändlern: — — —

V. 4.

V. 4. "Du weidest sie noch?„ Statt Reeh lese ich Roeh, das Participium statt des Imperativs, und nehme eine Frage an.

Dieser vierte Vers sollte mit dem folgenden beyden nur ein Punctum ausmachen.

V. 5. "Und bey der Hirten.„ Reehem nicht Reehen. — Die Hirten, der Käuffer uud Ver=käuffer.

V. 6. "In die Hand seines Mitbürgers.„ Geht auf den 9 Vers, was übrig bleibt fresse eins das andre.

V. 7. "Für die Schaafhändler.„ Ich halte לכנעניי nicht für zwey Wörter, sondern für ein Wort, und übersetze also nicht: die unglück=lichen bessern Schaafe, oder: um der elenden Schaafe willen, sondern: für die Leute die mit den Schaafen Handel trieben. Der 11, 12, 13 V. fodern dieses. Der Prophet konnte zu den guten armen Schaafen nicht sagen: gebt mir meinen Lohn, ohne die Regeln der Allegorie aus den Augen zu setzen; konnts nicht, wenn er diese auch aus den Augen setzen wollte; es war keines weges zu vermuthen, daß ihm die rechtschaffenen im Volk seinen Lohn abschlagen würden; und vollends, ließ es sich nicht denken, daß sie ihm so einen Sclavenlohn gegeben. Das alles aber paßt vortreflich auf die Leute, die mit den Schaa=fen Handel trieben. Man sehe ferner den Anfang

der

der Weiſſagung: — Die Käufer und Verkäufer der Schaafe erhalten hier den gemeinſchaftlichen Nahmen: Schaafhändler. Ja, die ganze Abſicht der Erſcheinung weiſet auf dieſen Sinn. —

Und zur Zugabe: — die Autorität der LXX, ſie laſen לכנעניי wenigſtens als ein Wort. — Ueber das Nun finale erinnere ich nichts.

V. 7. "Und hatte mir gemacht.,, Dieſe Stelle ſchien ſo dunkel, weil man nicht bemerkte, daß Va ek kach das Plusquamperfectum war.

"Gute Huth, u. ſ. w.,, Noam, gute Huth, Sicherheit. Chobelim, Vereinigung, Brüderſchaft. So erklärt der Prophet dieſe Wörter V. 10 — 14.

V. 8. "Verwarf ich.,, Der Zuſammenhang zeigts, daß dies die wahre Bedeutung des Wort ואכחד ſey.

"Zunft.,, Triade von Hirten, nämlich die Prieſter, Leviten und Propheten; ſo wag ichs שלשת zu überſetzen.

"Mit einem mal.,, Wörtlich, mit einem Hauch. ירח wäre das ירוח Hauch beym Hiob XXXII, 20. (ſo von den Maſorethen ירוח punctirt wird, und wol natürlich ירויח geleſen würde) defective, und ohne das Vau quieſcens. Man findet auch in unſerer Sprache dieſe Redensart, obgleich in einem etwas unedlen Verſtande, wir ſagen: in einem Odem.

"Ich verwarf die ganze Triade der Hirten, oder "die ganze Hirten=Zunft mit einem male.,, Es

zeigt

zeigt großes Verderben unter den Hirten an, daß man sie so mit einander ohne einiges Bedenken, ohne im geringsten Anstand zu nehmen, für untüchtig erklähren konnte, und das war es, was der Prophet zu verstehen geben wollte.

Auch ist diese Uebersetzung des יךר, der bekannten wol wegen des folgenden vorzuziehen: der Prophet scheint seine Trennung von den Miethlingen, das Zerbrechen des Stabes, die Aufhebung des mit den benachtbahrten Völkern gemachten Bundes, als eine Sache vorzustellen, die an einem und eben demselben Tage geschehen sey.

V. 9. "Mit euch.„ Etchem; nicht: euch, wie die LXX, die Vulgata u. s. w. übersetzt haben.

"Was sterben soll.„ Ich will nicht weiter hüten, wenn ihr auch alles würget. ꝛc.

"Was man auszustoßen Lust hat.„ Kachat hat hier die Bedeutung, die es im vorhergehenden Verse hatte.

V. 12. "Für den Ziegelbrenner.„ Ich zweifle nicht, daß diese Uebersetzung befremden werde; — doch hoffe ich auch den Beyfall des Forschers. Uebersetzt man El hatjotser: "für den Goldschmid,„ so entfernt man sich ganz vom Matthäus, Cap. XXVII, 9. Glaubt man, daß diese Worte so viel heißen müssen, als für den Töpfer, so nimmt man wider alle Billigkeit an, daß sie den Zeitgenossen

des

des Propheten hätten absolut unverständlich seyn
sollen. Wenn diese Leute lasen, daß der Prophet
den schimpflichen Lohn nicht behielt, sondern in den
Tempel warf, so dachten sie doch wol, daß diese
Summe zum Besten des Gotteshauses sollte ver=
wandt werden. Nun aber gebrauchte man keine
Töpferarbeit, keine irdene Gefäße im Tempel,
2 Chron. IV, 16 — 22. Versteht man unter jenem
Ausdruck einen Ziegelbrenner, so nähert man sich
dem Matthäus ungemein; (sein κεραμευσ kann so
gut einen Ziegelmacher als einen Töpfer bedeuten,
das Stamwort κεραμος heißt selbst Luc. V, B. 19.
Ziegel;) und hat zugleich einen herrlichen Sinn für
die Leute, welchen der Prophet unmittelbahr weis=
sagte. Die Stelle enthält dann eine feine Jronie,
"wirfs in den Tempel hin, daß Ziegel dafür an=
"gekauft werden,,; der Mann Gottes giebt zu ver=
stehen: daß sich von der Denkungsart seiner Zeit=
genossen wol nichts weiter fodern lasse, als daß sie
den aus Quaderstücken aufgeführten Tempel mit
Backsteinen ausbessern mögten. 2 Reg. XII.
2 Chron. XXIV.

"Dessen man mich werth geachtet hat.,, So
konnte Gott sagen, weil der Prophet auf seinen
Befehl der Schaafe hütete. Die Stelle spielt
vielleicht an auf die Gewohnheit, öffentliche Arbei=
ten zu übernehmen, und durch seine Hausgenossen
verrichten zu laßen, Vielleicht aber sollte man jakarta
statt jakarti lesen. B. 15.

V. 15. 16. 17. Wären folgende Anmerkungen
etwas mehr als Muthmaßungen, so würde dieses
zweite prophetische Gesicht — (siehe die Anmer=
kung zum ersten Vers) nicht weiter dunkel seyn.

Zu erst Berichtigung des Textes. Ich lese, statt
אולי evili, אול evil und statt רעי האליל roi haelil
רעה אליל roeh elil, ziehe nämlich das ה von
האליל zum vorhergehenden רע, und halte das י
in רעי und אולי nicht wie bisher geschehen ist,
für paragogisch, sondern für ein critisches Zeichen.
Ein Bibelforscher wußte sich nicht in das רע
zu finden, er setzte seinen Asteriscus, entweder
ein würkliches Jod, oder etwas das einem Jod
ähnlich war, bey; ferner bemerkte er durch dieses
Zeichen, daß statt des gewöhnlichen אויל hier bloß
אול gelesen werde: in der Folge verkannte man
dieses Zeichen, so daß man es für einen Buchstaben
hielt, und ihm einen Vocal gab. Es scheinet un=
läugbahr, daß der Prophet auf den ähnlichen Laut
der Worte Evil Elil anspiele. Auch ist mir mehr
als eine Stelle aufgestoßen, in der das sogenannte
Jod paragogicum nichs als critisches Zeichen ist.
Z. E. Pf. CXXIII, 1. ist das י am Ende des הישבי
offenbahr nichts als eine Note, daß hier das ge=
wöhnliche Vau fehle, welches verschiedene Codices
beym Kennicott zugesetzt haben, einer so, daß er
diese critische Note weg ließ, die übrigen so, daß
sie dieselbe beybehielten. Bey Pf. CXIII, 5—9.

E 5   ists

ifts der nemliche Fall. Jemand wollte durch einen
Asteriscus andeuten, daß in seinem Exemplar die
gehäuften Participien defective geschrieben wären;
Kennicott führt einige Manuscripte an, die diese
Worte ohne das Zeichen, obgleich defective haben,
und einige darin sie plene und zugleich mit dem
Zeichen stehen. Pf. CXIV, 8. ist das י am Ende
des הֲהֹפְכִי eine Warnung, daß das ו fehle, was
so viele Codices hatten. Siehe Kennicot zu der St.
Ueber die Einwürfe, die man wider diese der Critik
vielleicht nicht unwichtige Entdekung machen mögte,
in kurzen ein mehrers. Das י in עֹזְבִי wurde
vielleicht hinzugesetzt, weil man עֹ ר לאֵ laß, wie
würklich die LXX thaten; vielleicht ists auch das
Suffixum der ersten Person — "wehe dem schänd=
"lichen Hirten den mir die Heerde verläßt.,,

    חֶרֶב Fluch nicht חֶרֶב Schwerdt, wie offen=
bahr aus dem unmittelbahr folgenden Vers erhel=
let. — — Der Arm soll nicht verwundet nicht
abgehauen werden, sondern verdorren!

    עַל זְרֹעֵיו statt al feroa: S. die LXX;
die gewöhnliche Leßart ist woll willkührliche Abän=
derung: man glaubte Seroa lesen zu müssen, weil
unmittelbahr Seroa folgt.

    Und nun zur Erklährung:

    V. 15. "Nim das Geräth des sorglosen Hir=
ten zu dir zum Zeugnisse wieder ihn.,, Dem
Propheten erscheint ein umhergeworfnes unver=
wahr=

wahrtes Hirtengeräth, und nun spricht Gott zum
Propheten, nimm diese Geräthschaften des sorg‐
losen Hirten zu dir, daß sie wider ihn zeugen
(zum Beweiß seiner Sorglosigkeit.) Es ist wahr,
daß nach dieser Auslegung vor dem עוֹד wol
ein ל und vor dem רֹעֶה wol ein ה stehen mögte,
aber man wird mir doch auch gern einräumen, daß
sich ähnliche Wortfügungen finden, und der Israelit
so an Vorstellungen dieser Art gewohnt war, daß
er nicht eben der Deutlichkeit bedurfte, die wir
verlangen könnten.

V. 16. "Nicht nach dem ausgestossenen
siehet.„ Nach denen, die man von der Heerde
absonderte, aus Furcht, daß sie anstecken mögten.
Sachad stehet hier in der Bedeutung die es
oben hatte.

"Das vermißte nicht suchet.„ Schon das
Verbum zeigt, daß Naar so zu übersetzen sey.
Man sehe auch Bocharts Hierozoicon.

"Das verwundete nicht verbindet. Das matte
nicht stärket.„ Nach dem Herrn Michaelis.

"Das Fette übertreibet.„ Eigentlich die
fetten so stark treibet, daß ihre Füße schadhaft
werden. Seneca Epist. LI. Quamlibet viam
iumenta patiuntur, quorum durata in aspero
vngula est: in molli palustrique pascuo *saginata*
cito subteruntur. Hätte diese Uebersetzung noch
Bestätigung nöthig, so würde ich auf die Voll‐
ständig‐

ſtändigkeit des Bildes verweiſen! — Dazu auf die Paralelſtelle, XXXIV. Cap. Ezechiels B. 4:

unſer Prophet: Ezechiel:

Hanik chadot lo jiphkod — Hachola lo riphetem

Hanaar lojewakeſch — {Haniddachat lo haſchewotem {Haoweder lo bikkaſchtem

Haniſchbevet lojeraſche - haniſchberet lo habaſchtem

Hanitſaba lo jekalkel - hanachlot lo chiſſaktem

parſehen jepareck - - reditem otam ubepareck.

"Ueber ſein rechtes Aug.„ J. H. Michaelis merkt ſehr gut aus 1 Samuel XI, 2. an, daß man das blenden des rechten Auges zu den damaligen Zeiten als eine ſehr ſchimpfliche Strafe betrachtet habe.

VI.

Ich wags, das Stück für einen Wechselgesang zu erklähren. Nach der gewöhnlichen Auslegung ist es beynahe unerträglich; das ewige Einerley der Materie, die beständige Wiederholung des Bajom hahn? — — Als Wechselgesang hingegen wird man ihm einen beträchtlichen Werth zustehen müssen. Die Absicht des Propheten ist, seiner Nation, die mit einem fürchtbahren Kriege bedrohet wurde, (Israel, und andere benachbahrte Völker, seine Bundesgenossen, rüsteten sich wieder sie; man sehe die Aufschrift und den 2 B.) Muth einzuflößen. V. 1. Ein Chor von Bürgern Jerusalems sagt einem Chor von Einwohnern Judäas: Gott lasse freylich zu, daß ein mächtiges Heer Judäa überziehe, und Jerusalem belagere, aber er werde auch Rache nehmen an den Feinden seines Volks. V. 4. Das Chor von Judäa antwortet: Gott werde Judäa beystehen und Jerusalem helfen. V. 6. wiederhohlet das Chor von Jerusalem die Zusage des Herrn, doch so, daß es vorzüglich Judäa Glück verspricht, und das Chor von Judäa verkündigt zur Wiedervergeltung vorzüglich Jerusalem frohe Zeiten. — — — Eine herrliche Idee, und Feinheit in der Ausführung! nur nicht die Erhabenheit der ältern Hebräer; die Dichtkunst dieses Volks neigte sich damals schon zur Prose hinab. Warum

Warum ich die Chöre so und nicht anders geordnet, wird man leicht sehen. Uebrigens wird mirs eine Freude seyn, wenn jemand sie natürlicher anbringt.

V. 1. "Drohender Ausspruch.,, Vielleicht läse man so wol hier als Cap. IX, 1; besser Dabar oder Dibber, als Debar.

V. 2. "Säule.,, Die Stelle bleibt sehr schwürig, man mag nun den Auslegern folgen, die unter Saph ein Thürgerüste verstehen, oder denen, die es Becher übersetzen. Konnte ein irgend vernünftiger Schriftsteller sagen: Ich werde Jerusalem zum Thürgerüste machen, an welches alle Völker umher einen Anlauf wagen werden, aber ich werde es denn auch zu einem schweren Stein machen allen Völkern, wer ihn wird heben wollen, wird sich übel zerreißen; oder: ich will Jerusalem zu einem Taumelbecher — — — aber ich will es auch zu einem Taumelbecher machen — — ? Die Nachricht, die uns Hieronymus bey dieser Stelle giebt: Mos est in vrbibus Palaestinae, & vsque hodie per omnem Judaeam vetus consuetudo seruatur, vt in viculis oppidis & castellis rotundi ponantur lapides grauissimi ponderis, ad quos iuuenes exercere se soleant, & eos pro varietate virium subleuare, alii ad genua. alii ad vmbilicum, alii ad humeros &

caput.

caput, non nulli super verticem erectis iunctis-
que manibis, magnitudinem virium demon-
strantes, pondus extollant, klährt alles auf, nur
muß sie besser gebraucht werden, als es von diesem
Kirchenvater geschehen ist. Er wandte sie bloß
auf das Eben maamasa an, da er sie zugleich auf
das Saphraal hätte anwenden sollen: Saphraal
war der lapis ad quem iuuenes exercere se
solebant.

"Säule — — —„ die gewöhnliche Bedeu=
tung des Saph scheint mir zu fodern, daß man
sich diesen Stein länglicht und als ein Stück eines
Säulenschafts oder Thürpfostens vorstelle. Man
gab wol dem Stein zu den Zeiten des Hieronymus
eine andere Figur, oder der Kirchenvater drückte
sich nur etwas undeutlich aus.

Das Bild ist schön! Jerusalem gleicht einer
Säule, an der alles seine Kräfte zeigen will:
aber auch einer Säule, die man nicht ungestraft
von der Stelle zu heben sucht; ist ein Stein,
hingelegt, um Männer Kräfte zu prüfen, an den
sich Kinder wagen.

V. 3. "Und versuchtens.„ Und gesetzt
daß. — — Es bedarf wol keines Beweises,
daß die gewöhnliche Uebersetzung falsch ist.

"Alle Nationen„ kol goje haarets im Gegen=
satz das kol haammim sabtb.

V. 4

V. 4. "Vekol Sus haammim„ Ich kann diese Worte nach wiederhohlter sorgfältiger Prüfung für nichts anders als ein Einschiebsel halten, sie unterbrechen offenbahr den Zusammenhang; es wollte entweder jemand dadurch, theils das Wort Timmahon erklähren, theils anzeigen, daß hier von feindlichen Pferden die Rede sey, oder er schrieb sie als eine Variante bey.

V. 5. "Gott ist Jerusalems Stärke.„ Man sehe die Uebersetzung des Herrn D. Dathe.

Auch ohne die Auctorität des chaldäischen Paraphrasten und des Kennicottschen Codex 361. müßte wol Lejoschebe gelesen werden: der Schreibfehler ist zu sichtbar.

"Und Jerusalem wird unerschüttert stehen bleiben.„ Eine schöne Anspielung auf das V. 2. gebrauchte Bild.

V. 7. "Wie sonst.„ So lesen den LXX, dem Syrer und der Vulgata mehrere biblische Codices und ein gedruckter Talmund. S. Kennicotts Bibel.

V. 9. "Denn will ich zu verderben trachten alle Völker, die sich aufmachten wider Jerusalem.„ Sonst rechnete ich nicht allein den übrigen Theil des XII. Capitels, sondern auch die 6 ersten Verse des dreyzehnten zu dieser Weissagung,

und

und betrachtete sie als ein vollständiges Stück, nun glaube ich mit dem zehnten Verse ein neues Fragment anfangen zu müssen. 1) Der 9te V. scheint zu abgebrochen: man erwartet die Beschreibung der Strafen die Jehovah über die Feinde seines Volks verhängen will. 2) Der Stil ist verschieden; der letzte Theil der folgenden Weissagung ist Prose. 3) Es findet sich in dem nächsten Stücke nichts von der Hauptidee unsers Gedichts. Jerusalem und Judäa weteifern nicht mehr, um sich gegenseitiges Glück anzukündigen, es wird Judäas gar nicht weiter gedacht. Daß man diese Fragment an einanderschob, kam wol daher, daß in beiden, theils vom Hause Davids und den Bürgern Jerusalems geredet, theils das Bajom hahu mehrere male wiederholt wird.

D

VII.

VII.

Cap. XII, 10 — Cap. XIII, 6.

V. 10. "Zerstochen haben.,, Freylich schickt sich diese Ueberseßung wohl nicht in den Zusammenhang, wenn man das אלי nicht in אליו verwandeln will; man sehe die vortrefliche Auferstehungsgeschichte des Herrn Doctor Leß pag. 103. Aber wie überseßt man denn? Soll Dakar nach dem Grotius lästern heißen? Grotius gründet diesen Sinn auf die Bemerkung, daß das ähnliche Wort Nakab durchbohren Levit. XXIV, 16. lästern überseßt wird; eine Bemerkung, die aber wohl nicht so ganz genau seyn möchte: es ist unrecht das נקב in dieser Stelle vom נקב herzuleiten, und diesem Radix also eine ganz fremde Bedeutung zu geben, da es sich sehr gut von קבב fluchen herleiten läßt, nemlich das participium Niphal (Nakaph) seyn kann, das bekanntermaßen sehr oft als Deponens gebraucht wird; die Puncte verführten. Zu dem läßt sich Johann. XIX, 37. nicht mit dieser Ueberseßung reimen. Johannes accommodirt hier nicht: sein ganzer Vortrag geht dahin zu zeigen, die Vorsehung habe das alles so veranstaltet, damit der Christ durch die Erfüllung dieser Weissagung einen Grund mehr zum Glauben an Jesum hätte. Ja wenn man zugäbe, daß

der

der Evangelist accomodire? Sollte er den falsch
überſetzen, oder nicht recht verſtehen, damit er
accomodiren könne? denn das thäte er würklich,
wenn er ein Wort da im eigentlichen Verſtande
nähme, wo es im uneigentlichen ſteht? Könnte ich
die Citation des Evangeliſten für accommodation
halten, ſo würde ich die Erklärung unſerer Stelle
nicht ſchwer finden. Der Zuſammenhang fodert
ſtatt daKar ein Wort das Abgötterey treiben be=
zeichnet. Die Folge der Buße die der Prophet
hier beſchreibt beſteht nach Cap. XIII, 1=6. darin,
daß man nun den Götzendienſt ſo verabſcheut, daß
auch die Nahmen der Götzen vergeſſen werden, und
Jehovah ſo verehrt, daß es kein Betrüger mehr
wagen darf, in ſeinem Nahmen zu weiſſagen.
Und ſo ein Wort fanden die LXX; ſie nehmen
κατορχεομαι, Götzen durch Tanz verehren, ſynec=
dochiſch für Götzen dienen. Statt רקרו ſtünde
alſo רקרו, wie würklich der Codex 355 beym Ken=
nicott hat; eine unbeträchtliche Aenderung, eine
Aenderung, die man äuſſerſt häufig zu machen
gezwungen wird. Etaſcher müßte mit den LXX
darum daß überſetzt werden. עליו hieße ihre
Sünden. Es würde nemlich von עול, das die
Maſorethen bald עֲוִל, bald עֲוִל punctiren her=
geleitet, und etwa nach der Form עֵל, גֵּר aus=
geſprochen. Das Femininum עלה hat der Co=

bey

der 150 beym Kennicott: Zeph. III, 5. Doch ich
übergehe diese Auctorität. Ich glaube zeigen zu
können, daß auch עַל in dieser Bedeutung vor=
komme. So kann ich nicht zweifeln, daß das עַל
Hosea VII, 16. Sünde heiße. Das לֹא fällt ent=
weder nach Cod. 126 und 182. beym Kennicott
weg, oder das א ward auch oben gesetzt, um
anzuzeigen, daß andre Codices לָאֵל läsen, und
schlich sich nachher in den Text. Ich glaube zum
Beweise meiner Behauptung bloß die Stelle im
Zusammenhang darlegen zu dürfen: V. 13=16. „—
ich sollte sie erretten, und sie lügen mir und mei=
nens nicht redlich, wenn sie mich anrufen? Wenn
sie auf ihren Polstern heulen, sprechen sie bey mir
wegen Korn und Most an! Ich sollte ihren Arm
lehren und stärken, und sie sind feindseelig gegen
mich gesinnet, kehren zur Sünde zurück, sind wie
ein betrüglicher Bogen? — O es sollen fallen ihre
Fürsten durchs Schwerdt. — Unsere Stelle hieße
demnach: ich will ausgießen über das Haus Da=
vids und die Einwohner Jerusalems den Geist des
Gebeths und Flehens, sie werden Vergebung dafür
suchen, daß sie den Götzen gedient haben, und
über ihre Sünden klagen, wie man klagt über einen
geliebten, über ihre Sünde weinen, wie man
weint über einen erstgebohrnen.

Auf die Art würde ich unsre Stelle erklähren,
wenn mir die Citation des Evangelisten Johannes
nicht

nicht im Wege stünde. — — Ich glaube also
die Lutherische Uebersetzung beyzubehalten zu müssen,
bis es eine völlig befriedigende giebt. „Aber wie
wenn man אליו statt אלי läse? Kennikott füh=
ret eine Menge Zeugen für diese Leßart an!„
Viele von den erwähnten Manuscripten möchten ih=
ren guten Nahmen überhaupt verliehren, wenn sie ein
Critiker selbst gebrauchen, ja nur einigermaßen
vollständige Excerpten von ihnen erhalten könnte;
sie sind itzt schon so verdächtig! — — Insonder=
heit hat das אליו so ganz das Ansehen einer un=
glücklichen Correctur: es paßt nicht in den Zusam=
menhang — —; doch diese Materie würde eine
eigne Abhandlung fodern.

“Wie man klaget„ Um die Buße der Ein=
wohner Jerusalems recht lebhaft zu schildern, stellt
der Prophet sie als eine Trauer über eine sehr ge=
liebte Person vor. Auch Jeremias und Amos
brauchen dies Bild, um eine große Betrübniß aus=
zudrücken; jener Cap. VI. im 26 V. und dieser
Cap. VIII. V. 10.

V. 12. “Ein jegliches Geschlecht besonders„
Die Nachrichten von den Beerdigungen der Israe=
liten erhalten einen Beytrag aus dieser Stelle.

“Das Haus Simei„ u. s. w. Diese Familie
stand wohl damals nebst dem Hause Davids den
Priestern und Leviten besonders in Ansehen.

D 3

Cap. XIII. V. 3. "Du verdienſt nicht zu leben.„ Die Folge lehrt, daß das Loh tichje nicht im eigentlichen Verſtande zu nehmen ſey, und Dakar nicht durchbohren, tödten, ſondern bloß ſchlagen, züchtigen heiße.

V. 5. "Ich habe einem geringen Mann ge‐ dienet von Jugend auf.„ אדם ein geringer Mann Pf. XLVIIII. V. 3.

V. 6. "Und wenn man zu ihm ſagt.„ Die Vulgata lieſt nicht wie unſere Bibeln אמר ſondern אמר, und recht.

Das εφω der buchſtäblichen LXX. iſt vermuth‐ lich ein Schreibfehler.

"Die haben mir Leute geſchlagen, die es wohl mit mir meinen.„ Die Emphaſis iſt hier auf die Worte: die's wohl mit mir meinen, zu legen; der falſche Prophet zeiget durch ſie an, daß er ſeine Vergehungen erkenne, und zufrieden ſey, daß man ihn durch Züchtigungen zur Rechtſchaffenheit zurück gebracht habe.

VIII.

VIII.

Cap. XIII, V. 7. bis zu Ende des Capitels.

Auch die Herren Struensee, Dathe und Michaelis halten diesen Theil des XIII. Capitels für eine neue und von dem vorhergehenden verschiedene Weissagung; und der Augenschein giebts.

V. 7. "Meine Hirten„ So lasen die LXX. nach der Vaticanischen Ausgabe; und wohl recht! —

"Mein Volk„ Der Zusammenhang fodert diese Uebersetzung: das folgende הרעאן ist eine Erklährung des גבר u. s. w. Daß man diesen dichterischen Ausdruck verkannte, kam wohl von der unrechten Auslegung Matth. VI. 30. und Marc. XIV, 27. Ich sage von der unrechten Auslegung! Man sorgt sehr schlecht für das Ansehen Jesu, wenn man glaubt, daß er unsere Weissagung durch die Worte γεγραπται u. s. w. auf sich ziehe. Wie paßten die Worte: "Schwerdt ꝛc.„ auf ihn? und die: Zween Theile von den Einwohnern des Landes werden verderben und umkommen, und nur der dritte wird bleiben? ja der ganze Ueberrest der Weissagung? Unsere Stelle geht sichtbahr aufs jüdische Volk und auf die Regenten desselben — — Jesus bedient sich bloß eines biblischen

D 4   lischen

lifchen Ausdrucks, um das Schickfal, das ihm und feinen Jüngern bevor stand, zu schildern — — es wird nun heißen, spricht er: ich will den Hirten schlagen und die Heerde wird sich zerstreuen.

"Ueberbleibfel„ Die Folge fodert diefen Sinn: nicht weniger fcheint ihn der Sprachgebrauch zu rechtfertigen; man fehe Jer. XLVIII, 4. Jef. LX, 22.

IX.

IX.

Cap. XIV.

V. 2. "Man nimmt die Stadt ein, plündert die Häuser, schändet die Weiber.,, Diese Worte zu den unmittelbahr vorhergehenden Ausspruche Gottes: ich sammle alle Völker wieder Jerusalem zum Streit, rechnen, heißt nicht allein den heiligen Schriftsteller etwas sehr unschickliches sagen lassen, sondern auch, den Zusammenhang zerreißen. Der Mann Gottes spricht erstlich: siehe Jehovah läßt den Tag kommen, daß deine Beute in dir getheilt wird; darauf führt er einen Ausspruch Gottes an; dann fährt er fort das Unglück was Jerusalem drohet, zu beschreiben.

"Die andre Hälfte ist wolbehalten.,, Diese Weissagung ist Prose, und doch voll kühner Uebergänge. Der Prophet verkündigt Jammer: "man nimmt die Stadt ein, plündert die Häuser, schändet die Weiber, die Hälfte der Einwohner wird weggeführet;,, plötzlich bricht er ab, und verkündigt Freude: "Die andre Hälfte ist wolbehalten.,,

V. 3. "Wie er je am Schlachttage vertilgte.,, Einen Theil dieser Uebersetzung bin ich Herrn Struensee schuldig.

D 5   V. 4.

V. 4 u. 5. "Den Theil des Oelbergs."
Man müßte den Worten des Propheten diese
Einschränkung geben, wenns auch nicht bekannt
wäre, daß nur ein Theil dieses Gebürgs der
Stadt ostwärts lag, so ein schlechter Schrift-
steller ist der Mann Gottes sicher nicht, daß er
den Einwohnern Jerusalems sagen könnte, der
Oelberg liege ihnen gegen Morgen.

"Wird verschüttet. — — " Der Zusammenhang fodert Nistam, und so lasen die LXX.
Auch Josephus laß so, wenn er anders, wie der
seel. Faber glaubte, (Beschreibung des Orients
2ter Theil, Seite 193.) die Nachricht vom Erdbeben, womit Judäa zur Zeit Usias heimgesuchet
wurde, aus unserer Stelle nahm. Und würklich
konnte er sie mit mehrerem Rechte, als ihm sein
Beurtheiler zusteht, daraus hernehmen. Der
jüdische Geschichtschreiber behauptet nicht, wie
Faber meinte, daß die westliche Hälfte des Oelbergs sich abgerissen und an die Ostseite desselben
angesetzt habe, sondern er versichert, daß die
westliche Hälfte des Oelbergs an die gegenüber
liegende östliche Seite des Tempelberges hinge-
stürzt sey: er hätte sonst nicht schreiben können,
daß der Berg die königlichen Gärten verschüttet
habe, die lagen nicht an der östlichen sondern an
der westlichen Seite des Oelbergs, und würde zu
dem

dem wol ein wenig anders haben construiren
müssen. Auch konnte Josephus den Riß von
Süden nach Norden gehen lassen, seines historischen guten Nahmens unbeschadet: er beschrieb
ja das Erdbeben nicht das unser Verfasser prophe-
zeyt, sondern nimmt aus unserm Verfasser nur
den historischen Zug, daß zur Zeit des Usias das
Thal zwischen dem Oelberge und Moria durch ein
Erdbeben verschüttet worden, läßt also den Oelberg
nicht wie unser Prophet beydes von Osten nach
Westen, und von Süden nach Norden, sondern
bloß von Süden nach Norden spalten. Uebrigens
möchte ich nicht, daß diese Anmerkung dem Anden-
ken des seel. Faber nachtheilig würde, — der
Mann war ein herrlicher Critiker, aber auch nir-
gends ist man Uebereilungen so sehr ausgesetzt, als
in der Critik.

"Das Bergthal." Geharim fanden die
LXX. in ihrem Exemplar, nach dem alexandrinischen und barberinischen Codex, und der albini-
schen und complutensischen Ausgabe. Der Zusammenhang erlaubt nicht Ge harai zu lesen: dazu
erhellt wol aus dem folgenden Ge harim, daß auch
hier Ge harim stehen müsse.

"Seitwärts." אל אצל seitwärts 1 Sam.
XX, 41. 2 Reg. XII, 10.

"Allen

"Allen deinen Heiligen.„ Wörtlich: allen heiligen in dir; oder wenn man lieber will, allen heiligen deines Volks (עמך), der Status absolutus wird hier dem Sprachkenner nicht anstößig seyn. Die alten Ueberseßer und einige neuere Codices haben immo, weil sie den Text nicht verstanden. Die ganze Rede ist an Jerusalem gerichtet, B. 1. Hiezu kömmt noch der Wink den der Prophet im zweyten Verse giebt: die andere Hälfte ist wolbehalten. Nur den besten Theil seines Volk wollte Gott erretten.

Die ganze Vorstellung ist diese: Jehova sollte zum Tempel hinaufziehen: er mußte also seinen Weg gegen den Theil des Oelbergs nehmen, welcher der Stadt ostwärts lag: der Tempel sah gegen Morgen, — von Aufgang der Sonnen erwartete man gleichsam den Helfer Israel. Der Weg vor ihm her sollte geebnet werden, (eine Vorstellung, die man häufig bey den Propheten antrift.) Der Berg mußte demnach so zerspalten, daß er die Thäler an der Nord und Südseite füllete; aber auch das reichte nicht zu, es war noch eine Kluft zwischen dem Oelberg und dem Tempel, der Berg mußte also seitwärts das Thal treffen: — in dem der größre Theil der Spiße nach Norden und Süden fällt, um die dortigen Tiefen zu erhöhen, stürzt der geringere nach Westen, um die dasigen zu verschütten. B. 6. 7.

B. 6. 7. "Kälte — und Finsterniß.„ Die
Leßart der LXX. und des Hieronymus Vekarot
oder Vekaroach vehaphon nehme ich in Erman-
gelung einer bessern an, aber die Uebersetzung des
Vekiaphon kann ich nicht zu der meinigen machen.
Der haupt Begrif ist hier nicht, Kälte, Eiß, son-
dern Finsterniß; und das kann kiaphon so gut als
Kälte, Eiß, heissen.

"Nur Gott kennt.„ אחד gehet auf Jehovah
und steht statt לבדו; man sehe Deuteron: VI, 4.
IV, 35. Der Satz ist augenscheinlich eine Parenthese. Die gewöhnliche Interpunction verwirrt
ungemein. Beyde Verse sind eigentlich nur ein
einziger Satz. Die erste Hälfte des Sinnes
schließt sich mit Lo Jom: Der Tag hält seine
Ordnung nicht; wenns Tag seyn sollte herrscht
die Kälte und Dunkelheit der Nacht: aber auch
die Nacht bleibt nicht in ihrem Gleise, es wird
Licht wenns Abend seyn müßte.

B. 8. "Dann werden lebendige Wasser.„
Die Vorstellung erhält ein ausnehmendes Licht
aus dem XLVII. Capitel Ezechiels.

"Theils ins östliche Meer, theils ins westliche fliessen, im Sommer wie im Winter fliessen.„
Jerusalem hatte nur im Winter (in den sogenann-
ten Regen Monathen) fliessendes Wasser, und dies
fiel blos ins östliche Meer.

B. 9

V. 9. "Wirds allein seyn.„ Der Zusammenhang gewönne, wenn die Worte Jihjeh Jehovah
echad uschemo echad fehlten, und gelesen würde,
bajom hahu jissob. Bey dem jissob vermißt man
das hajom hahu; und bey dem vorhergehenden
mögte mans wegwünschen: es zu dem Vehaja
Jehovah Lemelech zu ziehen, ist hart: es mit
dem jiseh Jehovah echad ꝛc. zu verbinden ist
unschicklich, diese Worte sind nur eine Erklährung
der vorhergehenden. Dazu kommt, daß in einem
Codex beym Kennicott das echad nach Jehovah
und in zweyen Manuscripten die Worte schemo
echad fehlen.

V. 10. "Von Geba bis Südrimmon.„
Man darf das Negeb zu Rimmon ziehen: Euse-
bius erwehnt eins Nordrimmons, und Jos.
XV, 32. wird eines Süd = Rimmons gedacht;
auch ist die Construction nicht ungewöhnlich.
I Sam. XXX, 27. Ja man muß es: nur ein
sehr nachlässiger Scribent erlaubt sich dergleichen
Ellipses, als der Prophet hätte, wenn Negeb
mit Jerusalem verbunden werden müßte.

"Jerusalem aber.„ Das ו wird zuweilen,
wie unser aber, dem Worte, womit es unmittelbar verbunden ist, nachgesetzt. Z. E. Gen.
XXII, 4.

So viel ich sehe, redet unsere Stelle nicht von dem ganzen Jerusalem, sondern nur von der unteren Stadt, (Acra nemlich, Bezehta kannte man noch nicht.) 1) Das Thor Benjamins war nicht weit vom Tempel: Jer. XX, 2. Paßhur warf den Propheten Jeremias ins Gewölbe unter dem Oberthor Benjamins; welches am Hause des Herrn ist.

Das alte Thor lag weiter nach Norden. Nehemia III, 12.

Der Thure Chananeel stand nach Jeremia XXXI, 38. von Westen her vor dem Eckthor; und so nach unserm Propheten. Jeremias mißt von Westen nach Norden und Osten und Zacharias von Osten nach Norden und Westen. Freylich giebt ihm Nehemias Cap. III und XII. eine ganz andere Stelle, aber entweder müssen wir mit der chaldäischen Uebersetzung in unserem Stücke und beym Jeremias Pickus lesen, oder es ist auch das Wort Chananeel beym Nehemias eine Glosse. Das Eckthor lag also zwischen dem alten Thor und dem Thurn Chananeel, und zwar nicht weit von diesem letzteren Gebäude. Beyde werden in unserer Weissagung mit einander verbunden, bis zum Eckthor und Thurn Chananeel. Sollte nun unsere Stelle von dem ganzen Jerusalem reden, so müßte der Platz vom Thurn Chananeel bis

zu

zu des Königs Kelter nicht allein einen grossen
Theil der Westseite, sondern auch die ganze Süd=
seite, ja das meiste von der Ostseite der Stadt
ausmachen — eine äusserst unwahrscheinliche Ver=
muthung! Der Prophet, der einen kleinen Raum
in so vielen Absätzen misst, soll nun einen wenig=
stens dreymal größern ohne alle Ruhepuncte mes=
sen! Wie wenn Jekewe hamelech das Bereschat
Hamelech beym Nehemias Cap. 11, 14. wäre?

2) Und nun vergleiche man mit unserer Stelle
einige der Schriftörter, in welchen offenbahr von
der Erbauung der unteren Stadt geredet wird.
Z. E. 2 Chron. XXXIII, 14. Nach diesen bauete
Manasse die Mauer, ausser der Stadt Davids,
von der Ebne nach dem Bach Gihon, und weiter
hin nach dem Fischthor, und seitwärts nach Ophel
zu. Jer. XXXI, 38. Seht, die Zeit kömmt,
spricht Jehovah, da die Stadt Jehovah zu Ehren
wieder gebauet wird vom Thurm Hanauaels bis
zum Eckthor, denn weiter fort, so daß die Meß=
schnur zum Hügel Gareb gehet, und sich nach
Geath wendet, und das ganze Thal selbst die
Leichen und Asche und alle Teiche bis an den Bach
Kidron und bis an den Winkel des Pferdethors
gegen Morgen soll Jehovah heilig seyn. Ewig
wird sie nicht wieder zerstöret werden. [Ueber=
setzung des Herrn R. Michaelis.] Der Parale=
lismus ist auffallend!

3) Der

3) Die Stelle selbst spricht für diese Erklährung. Von Geba bis gen Südrimmon soll kein Berg weiter seyn: also an der Nord- und Westseite Jerusalems kein Berg weiter: Geba lag, 1 Reg. XV, 22. und Josephs Antiqu. Buch VIII. Cap. VI. zu folge, der Stadt nordwärts. Und warum soll kein Berg in jener Gegend bleiben? Damit dieser Theil Jerusalems höher zu liegen komme und also sicherer sey. Weil ihn die Natur nicht so gut befestigt hatte als Tsion und Moria, war er häufiger als sie verwüstet worden. Zuvörderst traf ihn dies Schicksal unter Amazia, 2 Chron. XXV, 23; hierauf, wie es scheinet, unter Ahas, Hiskias fand die Mauern die Usias gebauet hatte schon wieder zerstöret, 2 Chron. XXXII, 5; ferner, unter Manasse, dieser König bauete 2 Chr. XXXIII, 14. nach seiner Zurückkunft aus der Gefangenschaft diese Mauren von neuem. Ja wenns der Prophet mit dürren Worten sagte, daß die untere Stadt gebauet werden sollte? Man lieset doch wol natürlicher תַּחְתִּיָה als תַּחְתִּית? —

V. 12. "Plötzlich wird ihnen — verfaulen." Verfaulen — heißt Makak, Psalm XXXIII, 6. Plötzlich — so übersetze ich Vehu omed al raglav. Um die Krankheit, womit Gott die Feinde Jerusa-

E
lems

lems schlagen würde, recht furchtbar zu schildern,
sagt der Prophet: so gleich, auf der Stelle,
stehendes Fusses, wird ihnen ihr Fleisch ver=
faulen, — ja Auge und Zunge verfaulen.

V. 13. "Jehovah wird dann eine große
Niederlage unter ihnen anrichten, ungeachtet
sie so einig sind und selbst Juda wieder Jerusa=
lem streitet. „ מהומה heißt auch Niederlage,
1. Sam. V, 11. Vehechesiku u. s. w. ist eine naive
Beschreibung der Einigkeit unter den vielen Völ=
kerschaften die wider Jerusalem auszogen: ein
jeder nimmt die Hand seines Nächsten und legt
seine Hand in diese. Das ו vor Hechesiku über=
setze ich, obgleich; Jehovah, der nach V. 3. wider
diese Völker streitet, thut ungeachtet ihrer Einig=
keit eine sehr große Schlacht an ihnen, vertilgt
eine Menge, ungeachtet selbst ein Theil seines
Volks, Juda nämlich, unter ihnen ist. Weder
ihre Macht, noch das Mitleid, das sich Juda etwa
von seinem Gott versprechen mögte, kann sie retten.
Unser 13ter Vers ist gleichsam eine Wiederholung
der Worte des dritten, der Herr wird vertilgen,
wie er je am Streittage vertilgte: oder vielmehr
die Recapitulation alles dessen, was der Prophet
zum Nachtheil der Feinde Jerusalems gesagt hatte;
es ist als schriebe er: mit einem Worte, Jehovah
wird eine große Niederlage unter ihnen an=
richten, 2c.

V. 16.

V. 16. "Und das Ueberbleibfel von den Völ=
kern.,, — Das Ueberbleibfel der Feinde zieht
jährlich nach Jerufalem, — es wird durch die
wundervolle Rettung diefer Stadt bewogen, fich
zum Jehovah zu bekehren; es zieht hinauf, um dem
Laubhütten = Feft beyzuwohnen, — es war für
Leute, die Jerufalem einnehmen wollten, eine große
Demüthigung, daß fie gerade dafelbft an einem
Fefte erfchienen, das zum Gedächtniß der Befitz=
nahme des gelobten Landes angeordnet war.

V. 18. "Baa velo,, fehlt in zwoen Handfchriften
beym Kennicott und fteht würklich überflüßig.
"Velo alehem.,, Die ganze Schwürigkeit hört auf,
wenn man den Atnach nach Alehem wegftreicht,
und die Frage wahrnimmt.   Die LXX lefen hier
wol nicht, wie Faber zum Harmar 1 Th. S. 50.
meint, anders, fie drückten, wie Erod. VIII, 26.
und fonft, die Frage nur durch eine Affirmation aus.

"Sot,, eben diefelbe.   Das Pronomen זה
hat diefe Bedeutung oft.   Z. E. 1 Sam. XXIX, 3.
Pf. X, 2.   Pf. 9, 15.

"Sot.,, Das ift die Plage, überfetzte ich freylich
gern, wenn ich Codices fände, die diefe Stelle
wegliessen. In der That hats das Anfehen, als hätte
jemand den Satz eingefchoben, um den Juden, die
fich zum ägyptifchen Tempel hielten, eins zu verfetzen.

B. 20. "Und zu der Zeit werden die Opfermahle des Volks rein vor dem Herrn seyn."

Wie unzulänglich die gewöhnlichen Erklährungen sind, darf ich nicht erst zeigen. —

Statt Metsillot lese ich Mitslot von צלה und übersetze Opfermahle. Das Wort צלה wird von solchen Speisen gebraucht, die im Tempel gegessen wurden. 2 Sam. XV, 2.

Für הסום sollte הסוך stehen: der Mann der zuerst Finalbuchstaben statt der gewöhnlichen setzte, dachte nicht an das seltene סוס, (es kommt vielleicht bloß Pf. XLII, 5. und dazu ohne Mater lectionis vor) verwechselte das כ mit ס und schrieb סום statt סוך. Aquila Theodotion Symmachus lasen gleichfals סוך verstanden aber die Lauberhütten, welches dem Sinn nach einerley ist. Das Soch Pf. XLII, 5. Haufe, Volks = Menge, hat seinen Ursprung, aller Wahrscheinlichkeit nach, von der Versammlung am Lauberhüttenfest, oder heißt vielleicht nur so viel, als das Volk, welches Lauber= hütten hielt.

"Die Töpfe wie die Geräthe des Altars," nämlich rein, wie aus dem folgenden Verse erhellet.

B. 21. "Niemand ist der Geschirre vermiethet." כנעני ein Kaufmann, hier sichtlich ein Mann, der

Töpfe

Töpfe und Keſſel zu Opfermahlzeiten ausmiethet! die Heiligkeit des Volks iſt ſo groß, daß man ihr gewöhnliches Geräth zum heiligen Gebrauch nehmen kann und würklich nimmt, ſo daß es keine Leute weiter giebt, die Geſchirre zu Opfermahlzeiten für Geld ausleihen.

I. Abhandlung.

Die Prophezeyungen, die man dem Zacharias, Barachias Sohn mit Sicherheit beylegen kann, endigen sich mit dem achten Capitel; was man ihm weiter zuschreibt, gehört entweder ganz oder doch größtentheils andern Schriftstellern.

Daß ein paar Kirchenväter aus dem zweyten und dritten Jahrhundert einige dieser Weissagungen einem andern Verfasser als dem Zacharias zuschreiben, übergehe ich der Kürze wegen, ungeachtet ichs für wichtig halte; und berufe mich

I. auf die Citation des Matthäus Cap. XXVII, 9.

Führet Matthäus die Weissagung: "und sie wugen dar, wie viel ich galt, dreißig Silberlinge ꝛc. würklich als Propheyung des Jeremias an, warum soll man sie dem Zacharias beylegen? "Sie steht beym Zacharias.,, Wo? — — Wunderbahr, daß man es schwerer gefunden hat, einem Titel zu wiedersprechen, als die unwahrscheinlichsten Muthmaßungen zu wagen; z. E. alle unverdächtige Abschreiber, der gröbsten Unwissenheit und

Nach=

Nachläßigkeit zu beschuldigen; oder zu behaupten:
der Evangelist, der, so oft er sonst eine Weissagung
citirt, entweder schreibt, der Prophet spricht, oder
auch den Propheten, auf welchen er sich beruft,
ausdrücklich nennt, habe diesmal alle Schriften
der Propheten und das unter dem Nahmen Jere=
mias angeführet, weil Jeremias Buch in manchen
Sammlungen das erste sey; oder gar den Evange=
listen eines Irrthums zu bezüchtigen. Doch was
sage ich, einem Titel zu wiedersprechen! — Man
wiederspricht der Aufschrift des Zacharias nicht
im mindesten, wenn man ihn nicht als den Ver=
fasser dieser Aufsätze anerkennt. Der I. Vers des
I. Capitels ist nicht etwa der Titel zu allem dem,
was man gewöhnlich diesem Propheten zuschreibt.
Er ist nur der Titel seiner ersten Weissagung, die
bloß die ersten sechs Verse des ersten Capitels in
sich fasset; der 7. Vers des I. Capitels giebt den
Titel zur zweyten, die bis zu Ende des VI. Cap.
gehet; der 1. V. des VII. Capitels macht den Titel
zur dritten aus, die mit dem VIII. Cap. aufhört.
Und nun die Aufschriften der folgenden Stücke? —
Keine nennt den Zacharias: keine hat auch nur
sonst eine Aehnlichkeit mit jenen; in jenen heissts:
Haja debar Jehova, in diesen: Maßa rc.; jene
sind so genau, daß sie nicht bloß das Jahr, son=
dern sogar den Monat, ja den Tag, in welchem
sie geschahen, enthalten, diese haben nichts von dem

E 4   allen,

allen, (ungeachtet ſich manche von ihnen, z. E.
N. I. II. V. VI. ſo gut auf gewiſſe Vorfälle
bezogen, und eine beſondere Veranlaſſung hatten,
als irgend eine von jenen;) nennen dagegen das
Volk, wider welches der Prophet redete. "Aber
man hätte uns doch warnen müſſen?„ Ich denke
es iſt hinlängliche Warnung, daß die Weiſſagungen
des Zacharias ſorgfältig angezeigt ſind. Man
frägt natürlicher Weiſe, wenn man an dieſe Stücke
kommt, warum auch hier der Nahme Zacharias
nicht, warum die Aufſchrift auch im übrigen ſo
verſchieden? Und denkt, die Weiſſagung muß wol
nicht vom Zacharias ſeyn. Zu dem wird in der
Kennicottſchen Varianten Sammlung bemerkt, daß
ein ſehr ſchätzbarer Codex das neunte Capitel
merklich von dem vorhergehenden abſondere.
Vielleicht fügte man dieſe Stücke dem Buch des
Zacharias bey, weil er ſie vom Untergange erret-
tet hatte: oder fügte ſie nicht ſo wol ſeinem
Buche, als der ganzen Sammlung der propheti-
ſchen Schriften bey, von der ſein Buch das letzte
Stück ausmachte, indem Maleachi noch nicht
hinzugekommen war: oder hielt vielmehr die Prophezeyungen, die gewöhnlich dem Maleachi bey,
gelegt werden auch für dergleichen Fragmente;
die LXX laſen Bejad Malacho, und überſetzten
durch ſeinen Bothen, nicht weniger führt Juſti-
nus eine Stelle aus dem Maleachi als eine
Weiſſagung des Zacharias an.

"Aber

" Aber wird unsere Weissagung denn auch
würklich vom Matthäus citirt? ,, Wenigstens
paßt sie besser zum Matthäus, als die Stelle,
welche Herr Woide neuerlich in Coptischen Lectio-
narium fand, und schon der Bengelische Appara-
tus aus einem arabischen Manuscripte anführt. —
Doch ich darf mich hiebey nicht aufhalten, da ichs
ausser Zweifel setzen zu können glaube, daß Matthäus unsere Stelle im Sinn gehabt habe: ich
sage, im Sinn gehabt, nicht: wörtlich angeführt;
denn das letztern bedarfs nicht; welche Weissagung führt er wörtlich an? Man hat bemerkt,
daß der Syrer εδωκα gelesen und also auch ελαβον
für den Singularis genommen habe, und ich mögte
hinzusetzen, daß sein Codex auch ητιμησαντο statt
ετιμησαντο gehabt; O‿O? muß, so viel ich sehe, von
קוץ, einen Eckel vor etwas haben, etwas ver-
werfen, hergeleitet werden; ein Text, den ich zuver-
sichtlich für den wahren erklähre. Die Worte κατα
συνεταξε μοι κυριος fodern ελαβον in der einfachen
Zahl, imgleichen εδωκα: und so ist es der Billigkeit gemäß zu glauben, daß der Evangelist ητιμησαντο
geschrieben habe; bey ετιμησαντο läßt sich nichts
denken, liest man hingegen την τιμην τυ τετιμημενυ,
ον ητι μησαντο, απο υιων ισραηλ, construirt τυ τετιμημενυ mit απο υιων ισραηλ und betrachtet ον ητιμησαντο
als eine Parenthese, so findet man gerade die Volks-
sprache, die dem Matthäus gewöhnlich ist, aber
darin einen feinen Verstand: den Preiß des Mannes, den Israels Kinder schätzten, aber ach mit

E 5   solcher

solcher Ungerechtigkeit schätzten, gerade das Ebar hajekar des Propheten. Und nun wird man auch das übrige gleichlautend finden. Das Wort αγρον setzte der Evangelist hinzu, um den Sinn anzuzeigen, den er der Prophezeyung gab; Beth Jehovah ließ er weg, weil das nur Nebenumstand und im göttlichen Befehl nicht ausdrücklich benannt war, ja sich von selbst verstand; und durch κατα συνεταξε μοι κυριος drückt er das Bajomer Jehovah elai haschlichehu ꝛc. aus, wenn er nicht wie J. Mede meint, S. s. Werke, pag. 786. würklich statt Beth Jehovah, Hauß Gottes, kedat Jehovah, nach dem Befehl Gottes, laß. Sollte jemand nach diesen Bemerknngen noch meinen, daß Matthäus vielleicht das apocryphische Buch anführe, worin Hieronymus diese Stelle wörtlich fand, so bitte ich ihn, zu bedenken, obs zu vermuthen sey, daß ein Apostel, der für Juden schrieb, eine Schrift als göttlich citiren werde, welche die Juden nicht in ihrem Canon fanden; ferner: ob Hieronymus so wenig aus dieser seiner Entdeckung würde gemacht haben, wenn sie auch nur einige Wahrscheinlichkeit gehabt hätte; ja ob man nicht aus der Versicherung dieses Kirchenvaters, daß er die Stelle, die Matthäus citirt, wörtlich in jenem Buche angetroffen habe, geradezu schliessen müsse, daß ein Betrüger eine wörtliche Uebersetzung dieser Stelle in seinen Aufsatz gerücket habe, um ihn mit desto größerer Wahrscheinlichkeit für ein Werk des Propheten Jeremiä ausgeben zu können? Der Prophet hätte

hätte Unsinn gesagt, wenn er gerade das gesagt
hätte, was jener Schriftsteller ihn sagen läßt: &
acceperunt triginta argenteos, pretium appre-
tiati, quod appretiauerunt a Filiis Ifrael, &
dederunt eos in agrum figuli, ficut conſtituit
mihi dominus.

II. Mehrere Stücke spricht der Stil dem Zacha=
rias Barachias Sohn ab. Freylich haben dieſe
Aufſätze und die Arbeiten des Sohns Barachias ge=
wiſſe nicht ſehr gangbare Redensarten, z.B. Meober
und Miſchab, gemein IX, 8. II, 14. Vielleicht
gleichen ſich auch gewiſſe Einkleidungen, ich ſage
vielleicht, weil die Stellen, welche ich als Beyſpiele
angeführt finde, ſich nicht gleichen. Aber ſteht
das meiner Hypotheſe entgegen? Man weiß, wie
ſehr die jüngeren Propheten den älteren nachahmen.
Und wie wenig iſt dieſes, worin ſich beide Werke
nähern, in Vergleichung mit dem, worinn ſie von
einander abweichen! Dort ſteht das Lemor ſo häuf=
fig pleonaſtiſch: hier auch kein einziges mal. Dort
heißts Chilla, (Cap. VIII.) was hier Schacha
(Cap. XIV.) heißt. Dort wird auf die Nebiim
riſchonim hingewieſen; hier nicht. Dort findet
man faſt alles ſymboliſirt; hier ſieht man nur ein
Stück in dieſem Gewande. Dort iſt die Lieblings=
Einkleidung, daß ein Engel die Erſcheinung er=
klärt: hier zeigt ſich dieſe Manier nie wieder; es
kommt bloß im VI. Stücke ein Engel beyläufig vor,
und zu dieſem gab wol, (wie ſichs aus dem Zuſatz
Liphne=

Liphnehem schliessen läßt,) die Wolken = Säule und
nicht die chaldäische Philosophie die Idee her. Dort
sind die poetischen Stellen beynahe ohne Parallelis=
mus: hier herrscht er in allen dichterischen Aufsätzen.

Ueberhaupt webt ein ganz anderer Geist in
diesen Weissagungen, als in denen, die allgemein
als Werke des Sohns Barachias anerkannt werden.
Der Sohn Barachias schreibt, so wie man es von
einem Auctor des Zeitalters vermuthet: unter
unsern Stücken sind einige, die in der Generation
kaum ohne Wunder hervorgebracht werden konnten,
man vergleiche irgend einen Aufsatz des Mannes
mit Num. I. oder IV; ich denke, daß ich nicht
irre, wenn ich diese Arbeiten ins güldne Alter der
hebräischen Dichtkunst setze. Selbst N. V. hat
nicht den Stil des Zacharias. Freylich glaubt
einer unserer classischen Schriftsteller (Einleitung ins
alte Testament Th. III, S. 416.) diese Verschiedenheit
der Schreibart in der Verschiedenheit der Materie
zu finden. "Die Schreibart, sagt er, ist verschie=
"ben. Der erste Theil (Cap. I-VIII.) zeichnet
"sich zwar in einigen Abschnitten durch poetischen
"Schwung aus; aber es fehlt ihnen doch die
"Sublimität der letztern: in jenen sind wol die
"Vorstellungen durch die Bildersprache versteckt;
"aber sie sinken nicht in das Dunkel von diesen
"herab. Vielleicht aber brachte der Wechsel der
"Ge=

"Gegenstände diese Veränderung mit sich: Da,
"wo in die Erzählungen des ersten Theils poetische
"Reden einfallen, werden Ermahnungen vorge=
"tragen, oder Freuden und Trostlieder gesungen;
"im letztern Theil hingegen werden meistentheils
"(Cap. IX. X. XII. XIII. XIV.) Aussichten in
"eine frohe Zukunft eröfnet: muste nicht dort der
"Vortrag von mittlerer Art, hier aber von der
"höchsten und kühnsten seyn; muste er sich nicht
"dort mehr gemeiner Poesie nähern, und sich hier
"in der ferne, wie die frohen Aussichten selbst,
"verliehren?„ Aber so ungerne ich einem
Manne von solchem Verdienst wiederspreche,
obgleich Leute der Art leicht Widerspruch ertra=
gen; so muß ich doch gestehen, daß mir diese
Antwort nicht hinlänglich scheinet. Sind
die Gegenstände würklich so verschieden? "Im
"letztern Theil werden Aussichten in eine frohe
"Zukunft eröfnet!„ Aber ist dies nicht auch
der Fall im ersten? Z. E. Cap. II. von 4 V.
Jerusalem — — bis V. 13 heiligen Städte; und
Cap. VIII. ganz. Ja müßte man nicht im erstern
einen feurigern Vortrag, als im letztern, erwar=
ten? Nie bedurfte Juda eines hinreißendern Zu=
spruchs, als da der Prophet zuerst auftrat.
Zudem war die Materie dort herzerhebender für
einen Bothen Gottes, als hier. Was in der
Welt

Welt konnte den Mann so entflammen, als die
Hofnung, die Gewisheit, das zerstöhrte Heilig-
thum seines Volks wiederhergestellt zu sehen?
Der höhere Flug unserer Weissagungen läst sich so
wenig aus den Aussichten in eine frohe Zukunft
erklähren, daß gerade das erhabenste Stück in
denselben, N. IV. eine Ankündigung trauriger
Schicksale ist. Auch darf man ihr tieferes Dunkel wol nicht aus dieser Quelle herleiten. Die
Erwartung beßrer Zeiten trübt nicht, erheitert
vielmehr; die Hofnung ist Sonnenlicht. Und so
ist auch das einzige dunkle Stück unter den Frag-
menten, N. V, eine Drohung. Dazu haben
einige unserer Weissagungen nicht bloß einen höher
und dunklern Stil, nein, auch größere Correctheit,
eine gebildetere Phantasie, mehr Simplicität.
Z. E. Welche Kluft ist zwischen dem Sohn
Barachias und dem Verfasser des IV. Fragments
befestigt. So wenig jener das benannte Stück
schreiben konnte, so wenig konnte dieser in irgend
einem Aufsatz das koh amar Jehovah Zebaoth
dermassen häuffen als jener es Cap. VIII. gehäuft
hat, oder die beyden letzten Gesichte des V Capitels zeichnen; ja würde selbst die Erscheinung des
Engels ganz anders genutzt haben.

Noch auffallender ist die Verschiedenheit des
Stils unter diesen unsern Weissagungen selbst.
Sogar die poetischen Stücke sind von mehr als
einer Hand. Z. E. N. IV. und N. VI.

III. Und

III. Und erlaubt es der Inhalt, daß man diese Weiſſagungen dem Zacharias, Barachias Sohn zuſchreiben? Würden ſie, wenn ſie von der Hand des Mannes wären, nicht wenigſtens etwas von dem, was gleichſam die Seele ſeiner Aufſätze iſt, nichts vom Tempel und den Perſonen, welche den jüdiſchen Staat herſtellten, enthalten? Würden ſie die Unordnungen, wieder die ſeine Zeitgenoſſen, ein Nehemias und Maleachi, eifern, ungerügt laſſen? Vergeſſen wir Dinge, die uns am Herzen liegen, und inſonderheit große Begebenheiten, die wir ausführen halfen, ſo ganz? Wir winken auf ſie hin, auch ohne daß wirs merken. — Und ſähe ein Prophet noch ſo weit über ſein Jahrhundert hinaus; er ſähe die Zukunft durch das Medium ſeiner Zeiten!

"Aber es haben dagegen dieſe Stücke und die "Werke des Sohnes Barachias doch auch manch= "mal einerley Inhalt? Einen ähnlichen Inhalt haben ſie wol: (und wie konnts anders ſeyn, als daß ähnliche Weiſſagungen an ein Volk ergingen, welches ſo ähnliche Revolutionen erfuhr?) aber keinen gleichen; die Ankündigungen ſind immer ſo beſtimmt, daß ſie ſehr weit von einander abweichen; z. E. Cap. IX. und X. wird wie Cap. II. den Gefangenen Rückkehr in ihr Vater= land verſprochen, allein mit dem großen Unter= ſchiede, daß die Verheiſſung Cap. II. an das
Volk

Volk von Juda, welches die Erlaubniß erlangt hatte, aus Babel heimzukehren, Cap. X. an die zehn Stämme, und Cap. IX. an Juda, von dessen Kriegern einige in die Gefangenschaft der Javaneser gerathen waren, gerichtet ist. Doch keine Wahrscheinlichkeiten weiter, da wir wenigstens in Absicht auf einen Theil dieser Weissagungen Gewißheit haben.

Es giebt verschiedene Stellen in einigen derselben, die unmöglich vom Zacharias, dem Sohn Barachias, seyn können.

1, Wie! dieser Prophet ließe den Gott seiner Nation Cap. IX, 10. sagen: "ich will abthun "die Wagen von Ephraim und die Rosse von "Jerusalem und B. 13. ich habe mir Juda gespan-"net zum Bogen und Ephraim gerüstet? Das Volk Jehovens bestand ja nicht mehr aus zweyen Reichen, dem Jüdischen und Israelitischen. Dieser Unterschied fand auch in der Folge nie wieder statt. Oder trauet mans dem Manne zu, daß er, wie im 9 und 10 B. dieses Capitels geschieht, seinen Mitbürgern einen König versprechen werde, und einen König, unter dessen Bothmäßigkeit sogar ein Theil des Staats stünde, welcher ihnen so eben die Freyheit geschenkt und die Erlaubniß gegeben hatte, Jerusalem aufzubauen, — traut man

man ihm das zu, da er wuſte, was der Argwohn,
es mögte Juda wieder ein mächtiges Reich wer=
den, für traurige Folgen gehabt hatte? Siehe
Esdras Cap. IV. Ja wenn er dieſe Verheiſſungen
nur ins Dunkel einer ſymboliſchen Vorſtellung
hüllte! Man wende nicht ein, daß auch im II Cap.
V. 10 = 13. dem Babyloniſchen Reiche ziemlich
gerade zu gedrohet werde. Die Stelle hat offen=
bahr unter den Händen der Abſchreiber gelidten,
aber ſo viel läſſt ſich aus dem Zuſammenhange
abnehmen, daß die Sicherheit, die ſie dem Volke
Jehovens verſpricht keine Folge vom Untergange
Babels ſeyn, ſondern ihm vielmehr durch Babels
Macht verſchaft werden ſolle. Das Ki koh amar
gehöret zu bat babel. Babel ſagt, daß Jehovah
es geſandt habe, die Feinde Tſions zu bemüthigen.
Es hat nicht einmal das unmittelbar vorhergehende
Geſicht V. 4. die Abſicht jenem Reiche Unglück
anzukündigen. Die abgebildete Sache, ſo ſchreibt
der Herr H. Michaelis vortreflich zu dieſer Stelle,
iſt: andere Völker, vielleicht Samariter u. ſ. w.
wollen die Iſraeliten zertreten, allein die Perſer
zwingen alle unter ihre Dienſtbahrkeit. Hatte
Zacharias überhaupt Veranlaſſung wider Damaſ=
cus, Tyrus, Sidon und die Philiſter zu weiſſa=
gen? — (daß dieſe Weiſſagung wider die obbenan=
ten Völker gerichtet ſey, lehrt nicht allein die Auf=
schrift,

F

schrift, sondern auch der Inhalt.) Oder bedurften
solche Prophezeyungen vielleicht keiner besondern
Veranlassung? — Man denkt jetzt über diesen
Punct gesunder, als man ehedem darüber dachte. —
So viel läßt sich also mit Gewißheit behaupten,
daß die erste unserer Prophezeyungen nicht vom
Zacharias Barachias Sohn sey, sondern in ein ganz
anderes Zeitalter falle. Darf ich hinzufügen, daß
man mit einiger Wahrscheinlichkeit diese Epoche
nennen könne? Die unserem Stücke so ähnliche
Weissagung des Amos Cap. I. giebt uns die Erlaubniß, es in die Zeiten des Usias zu setzen; denn
in denen schrieb Amos. Ja eben das dürfen wir,
vermöge der Geschichte. Die Siege, die Usias,
der König von Juda, und Jerobeam, der König von
Israel über die Philister Damascus und Hemath
erfochten, (2 Chron. XXVI, 6. 2 Reg. XIV, v.
25. 28.) retteten einen Theil des Volks aus der
Gefangenschaft. Amos Cap. I. Nun kündigt der
Seher seiner Nation noch größere Vortheile an.—
Durch die vereinte Macht Israels und Judahs, sollen
noch mehrere von Tsions Söhnen befreyet werden.
W. |11. 12. "Schon habe ich dir durch deines
"Bundes = Blut wiedergebracht deine Gefangenen
"aus der wasserlosen Grube. Zu seiner Zeit bringe
"ich dir noch einmal so viel zurück.„ Und vielleicht
mögts manchem nicht unrecht vorkommen, wenn
man

man dem unter Amos lebenden Propheten Zacharias diese Weissagung zuschriebe. Es ließe sich um so viel leichter erklähren, warum sie den Schrifften des jüngern Zacharias beygefügt worden.

11. Auch dieses Gedicht ist keine Arbeit des Sohns Barachias, wenn man anders mit Recht glaubt, daß die Juden sich nach der Babylonischen Gefangenschaft der Abgötterey nicht weiter schuldig gemacht haben.

Die 11ite Weissagung kann man diesem diesem Manne nicht zuschreiben, wenn man ihn nicht der äußersten Unvorsichtigkeit fähig hält: "Zu "Boden getreten wird der Stolz Assurs,,, V. 12; so etwas konnte ein Mann von Verstande seinem Volke in der damaligen Lage nicht zurufen. Die Prophezeyung paßt überhaubt nicht in die Zeiten dieses Zacharias. Juda wird als ein Reich vorge= stellet, das noch besteht, aber im Verfall ist, V. 3=5; Israel hingegen, als ein Volk, das ins Elend ge= führet worden, V. 6. folg.

Das ivte Stück scheint noch ein höheres Alter zu haben: nemlich vor der Zerstöhrung des israeli= tischen Reichs geschrieben zu seyn. Der Prophet kündigt an, daß das von Norden gegen Israel im Anzug begriffene Heer alles überwältigen werde, — er sieht die Veste Libanons erstiegen, ihre Cedern fallen, heißt Basans Eichen heulen ꝛc.

F 2

Den

Den vten Auffaß muß man dem Zacharias, Barachias Sohn, aus vielen Gründen absprechen. Ich will nur ein Paar anführen. Wie konnte ein Mann der unmittelbahr nach der Rückkehr aus Babel und wider seine Zeitgenossen prophezeyete, Gott sprechen lassen; V. 6. ich gebe einen jeden in die Hand seines Königs? Wie konnte eben der Mann schreiben: ich zerbrach den zweyten Stab, den Stab: vereinigt, um die Brüderschafft zwischen Juda und Jerusalem aufzuheben. So wenig sein Volk einen König hatte, hatte es einen Bund mit Israel; Israel war nicht mehr. Man wende nicht ein, daß ich aus dieser Ursache den Jeremias auch nicht für den Verfasser dieser Prophezeyung halten dürfe. Es ist wahr: Jeremias lebte zur Zeit des Babylonischen Gefängnisses, aber er weissagte dem ohngeachtet wider Israel, als wider ein Volk, das sich noch in seinem Erbe behauptete, Jer. V. Israel war nemlich nicht ganz weggeführet, und hielt sich zum Theil zum Königreiche Juda. 2 Reg. XXIII, V. 19.

VI. Diesen Gesang setzt bloß der Titel über das Zeitalter des Sohns Barachias hinauf; ob aber der Titel darum ächt sey, weil kein Umstand in der ganzen Weissagung vorkömmt, der einen Sammler hätte bewegen können, ihr so eine Aufschrift zu geben, wage ich nicht zu bestimmen.

Jn

In Ansehung der vııten Prophezeyung gilt das, was in Absicht auf die zweyte erinnert ist.

vııı. Auch von diesem Fragment ist Zacharias wol nicht Verfasser. — Sollts angelegt gewesen seyn, einem Volk, das nun so eben in sein verwüstetes Vaterland zurückkam, hier Feinde antraf, die es nicht vermuthete, eine geraume Zeit vom Bau des Tempels abgeschreckt wurde, eine solche Catastrophe anzukündigen? In den Schriften, die würcklich vom Zacharias sind, geht alles dahin, der Nation Muth einzuflößen.

Aus dem nemlichen Grunde kann man das ıxte Stück nicht für das Werk dieses Mannes halten. Auch erlaubt das der zehnte Vers nicht; man sehe die Anmerkung zu demselben.

II. Ab-

II. Abhandlung.

"Ueberhaupt verstanden die rein hebräischen
    Schriftsteller nie Griechenland unter
    Javan.,,

———

Dies ist in dem weitesten Sinne wahr! Nicht
einmal das kleinasiatische Griechenland verstanden
sie darunter, sondern gerade die Landschaft, welche
in der ersten Weissagung Javan heißt, Damascus
und Chamat.

Nach Ezechiel XXVII, 13. lag Javan bey
Mesech. "Javan Tubal und Mesech verkauften
die Menschen.,, — Mesech aber grenzet an
Kedar, dem Theil des wüsten Arabiens, der an
Damascus stößt: "Pf. 120, 5. Wehe mir, daß
ich wohnen mus unter Mesech, daß ich wohnen
mus unter den Hütten Kedar.,, Bochart will
freylich Mesech für kein Nomen proprium gelten
laſſen, sondern übersetzt es, lange: aber ihm steht
der Paralelismus entgegen; ja die ganze Idee des
Pſalms, der Dichter klagt nicht über lange Entfernung von seiner Heymath, sondern bejammerts,
daß er unter Leuten leben müſſe, die den wilden
Horden der Araber glichen. Nicht weniger irrt
Bochart, wenn er meinet, daß Mesech auch als
Name

Name einer Landschaft betrachtet, die Gegend nicht
seyn könne, die immer in der Bibel mit Tubal ver=
bunden wird, irrt, wenn auch seine Hypothese, daß
unter Tubal die Tibarer oder Tibarener zu ver=
stehen sind, als wahr vorausgesetzt wird. Nach
dem Cicero wohnte dieses Volk (seiner Beschreibung
zufolge, gerade solche Leute, als die Einwohner
Mesechs, mit welchen sie in der genauesten Ver=
bindung standen, nach dem angeführten 27sten Cap.
Ezechiels und 120 Pf. waren,) in den Gegenden,
wohin wir Mesech setzen; und Cicero war Augen=
Zeuge. Ep. ad fam. lib. XV. epist. IV. Ueber=
haupt ist die Abhandlung: Mesech und Tubal wol
mit zu vieler Eile gearbeitet. — Doch das kann
man bey dem Hrn. Hofrath Michaelis, der übri=
gens derselben Meinung ist, im Specimen Geogr.
heb. exterac lesen. Nur die Anmerkung will ich
noch machen, daß er aus dem Zeugniß des Qua=
dratus beym Steph. von Byzantz: "Mascane ist
"ein Ort im wüsten Arabien,„ offenbahr zu wenig
macht. Es ist weit natürlicher anzunehmen, daß
ein benachbahrtes räuberisches Volk Sclaven nach
Tyrus bringe, als ein weit entferntes friedfertiges.

Ezechiel Cap. XXVII, 19. zeugt so stark wider
die Meinung, daß Javan Griechenland zu über=
setzen sey, daß selbst Bochart hier diese Meinung
fahren läßt, pag. 132. nach der Frankfurter Aus=

F 4   gabe;

gabe; denn nach diesem Verse bringet Griechenland
Waaren nach Tyrus, die Griechenland nie hatte,
nemlich Specereyen. Ja der Prophet weiset dieser
Landschaft hier gerade den Platz an, welchen er ihr
in dem angeführten 13ten Verse dieses Capitels
giebt: er setzt Javan in die Gegend Dans, "Dan
"und Javan brachten dir.„ — Und gerade da lag,
Cap. 47, 15=17 und Cap. 48, Chamat. — —
Diese Stelle redet sogar für mich, gesetzt daß auch
nach der Conjectur des Hrn. Michaelis (die Dank
verdient, ungeachtet sich wol eine Stelle anzeigen
lässet, in der das ו praefixum einen Vers anfängt,)
Vadan gelesen würde. Javan läge nach dieser
Voraussetzung zwischen Damascus und Dedan, also
an dem nemlichen Orte. — Die Schwürigkeit,
daß Ezechiel zweyer Javan erwähnt, ist gehoben,
so bald man bemerkt, daß V. 13. die Worte Javan,
Tubal, und V. 19. Javan, Meusal zusammen gelesen werden müssen. Der eine Theil der Landschaft Javan hieß Javantubal, der andere Javanmeusal. Ich sage, Javanmeusal, und nicht Javan
aus Usal; das ist, dem glücklichen Arabien: (so
vielen Schein auch der Ritter Michaelis dieser
Meinung Bocharts zu geben gewußt hat,) weil Arabien und namentlich das Glückliche in dem folgenden
21 und 22sten Vers angeführt wird. Man wende
nicht ein, daß der Prophet auch Dedans zweymal
geden=

gebenfe, nemlich B. 15. und B. 20. Denn B. 15.
lesen die LXX Αριδιων nach dem Alexandrinischen
Codex und nach dem Vaticanischen: ροδιων, vielleicht: ιαδιων näher nach dem hebräischen Text,
das Daleth ließ sich leicht mit dem Resch vertau-
schen, und daß um so viel mehr, da einige Zeilen
darauf Dedan folgte. Hieronymus, Theodotion,
die LXX nach der Complutensischen Edition (wie
Herr Michaelis anmerkt, nach dem Bos fehlen
diese Worte,) übersetzen gleichfalls Meusal und nicht:
aus Usal. Die LXX nach dem Alexandrinischen
und Vaticanischen Ausgabe haben Ασηλ, aber Herr
Michaelis erinnert sehr gut, daß das σ statt ξ
einen Irthum muthmaßen lasse.

Joel III, 11 — 13. hat unsere Weissagung beynahe wörtlich. "Ihr von Tsor und Tsidon, die ihr
"die Kinder Juda und die Kinder Jerusalem ver-
"kauft habt den Kindern Javan, auf daß ihr sie ja
"ferne von ihren Grentzen brächtet! Siehe ich will
"sie erwecken aus dem Ort dahin ihr sie verkauft
"habt: und wills euch vergelten auf euren Kopf,
"und will eure Söhne und eure Töchter wiederum
"verkaufen durch die Kinder Juda, die sollen sie
"denen im Reich Arabia, einem Volk in fernen
"Landen, verkauffen. „ Wenigstens zeigt die
Folge des Capitels hinlänglich, daß der Prophet
unter Javan keine so entlegene Gegend als Griechenland verstehe. Juda soll seine Kinder mit ge-

F 5 wafne-

wafneter Hand befreyen; das konnte aber wol nicht gut geschehen, wenn sie Sclaven der europäischen oder auch nur der kleinasiatischen Griechen waren!—

Und so Jesaia LXVI, 19. Die Kriegsheere der Israeliten sollten nach Tubal und Javan vor bringen, ihre Feinde aufs Haupt schlagen, zitternd vor der Macht Jehovens sollten diese Nationen die gefangenen Juden gleichsam zum Geschenk darbringen. Ich glaube nehmlich nicht, daß Mscheke Resched auf Tarschisch Pul und Lud gehe, und Pelethim entronnen zu übersetzen sey, ungeachtet mans allgemein annimmt; ich ziehe Mscheke Resched auf Israel, und verstehe unter Pelethim eine gewisse Gattung Krieger, etwa Reisige: "ich sende aus ihnen Reisige wider die Völker Tarschisch Pul und Lud und Bogenschützen nach Tubal nnd Javan,, , der so gewöhnliche Paralelismus fällt hier in die Augen. Es ist wahr diese Erklärung setzt voraus, daß Tau und Thet verwechselt sind, — aber, wie gesagt, das Mscheke Resched zwingt einen, das anzunehmen! Und wie leicht war dieser Irthum!— wie häufig sind ähnliche Fehler selbst in unsrer Muttersprache! Dazu kömmt, daß das ganze Capitel sehr verstümmelt zu uns kam; es ist recht sichtbar durch einander geworfen, und wahrscheinlich fehlen sogar einige Worte. Das Javan in dieser Stelle

und

und in der vorhergehenden des Propheten Joels
ein entferntes Land heisset, giebt keinen Zweifel
wider meine Hypothese: Javan liegt auch nach
ihr immer weit von Jerusalem! Ja Joel erklährt
sich über diese Entfernung gerade so wie es mein
System verlangt; die Javaner sind nach ihm so
weit von Jerusalem entfernt, als die Sabäer von
Tyrus. Unter den Sabäern sind nemlich die Horden zu verstehen, die an den Grenzen des glücklichen Arabiens wohnen. Man sehe Bocharts
Phaleg Lib. IV. C. 9.

Also in keinem rein hebräischen Buche der
Bibel heißt Javan Griechenland! Denn in den
zwey Stellen, worin es noch ausser den angeführten vorkommt, nemlich Gen. 10, 2. 4. und
1 Paral. I, 5. 7. ist es nicht Nahme einer
Gegend, sondern Nahme eines Mannes; doch
dienen selbst diese beyden Citata vermöge der
Nachricht: Meelleh niphrebu ijje hagojim beartso-
tam zur Bestätigung meines Satzes; es ist nicht
wahrscheinlich, daß sich die Enkel Noahs sehr
weit von einander gesetzt haben solten, sie wohnten
wol ziemlich nahe bey einander; eine Familie
hält sich wie eine Heerde zusammen!

Nur im Daniel wird Griechenland unter יון
verstanden. Freylich fällt diese Verschiedenheit
auf! Aber so wenig das Ansehen eines Ezechiels
Jesa-

Jesa=

Jesaias 2c. uns bewegen kann einem Daniel
Gewalt anzuthun, so wenig dürfen wir jene nach
dem Daniel zwingen. — Vielleicht machte die
Sprache den Unterschied; vielleicht bey so vielen
Revolutionen auch die verschiedene Periode, der
Nahme Javan scheint selbst in den Zeiten Esaias
schon so veraltet gewesen zu seyn, daß er nur im
Gedichte gebraucht wurde: vielleicht muß das
?י Daniels nicht Javan, sondern Jon gelesen
werden? Ueberhaupt giebts beym Daniel noch viel
aufzuhellen!

Ueber die sonstigen Auctoritäten für die
gewöhnliche Erklährung sage ich nichts. Ihre
Quelle fällt ins Auge; man ließ sichs nicht ein=
fallen, daß Jesaias, Ezechiel, Joel von einem andern
?י reden konnten, als von dem, was man im
Daniel fand.